AF409445

مراد ويلفريد هوفمان

الإسلام

عام ٢٠٠٠

ترجمة: عادل المعلم

مكتبة العبيكان

الطبعة الثانية

١٤٢٤هـ/ ٢٠٠٣م

الناشر

مكتبة العبيكان

الرياض - العليا - طريق الملك فهد مع تقاطع العروبة
ص.ب ٦٢٨٠٧ الرمـز ١١٥٩٥
هاتف ٤٦٥٤٤٢٤ فاكس ٤٦٥٠١٢٩

بين يدي الكتاب

قـابلت د . مـراد هوفـمـان مـرتين في القاهرة في أوائل التسعينيات، كان يشغل وقتها منصب سفير ألمانيا في الجزائر، ثم المغرب.

ظهـر في المقـابلتين أنه ليس فقط متحدثاً لبقاً، بالألمانيـة والإنجليـزية والفرنسية، واسع المعرفة، متواضعاً ـ فهذا المفترض في كل سفير ـ بل صاحب فهم عميق ودقيق لمقاصد الإسلام.

ثم قـرأت له كتـاب «الإسـلام كبـديل» الذي نُشـر بالألمانيـة والإنجليـزية والعربية، فوجدت فيه رؤية[1] متكاملة بعيدة النظر، وفي الوقت نفسـه سابرة الغور للإسـلام والمسلمين والغرب، ويرى فيه ـ رغم حـال المسلمين ـ الإسلام مؤهلاً لأن يكون دين القرن ٢١، وبديلاً للنظام ـ أو على الأحرى اللانظام ـ العالمي الحالي.

قابلت الدكتور هوفمان بعد ذلك في ديسمبر ١٩٩٣م في الرباط، فطلبت منه كتاباً لتصوراته عن مستقبل الإسلام، فوعدني بذلك بعد الانتهاء من كتابه «رحلتي إلى مكة».

____

(١) الرؤيا: ما يُرى في النوم (ج) رؤى.
رؤية: أبصره بحاسة البصر.

وفي إبريل الماضي، أرسل لي كــتـابه الذي بين يديك «الإسلام عـام ٢٠٠٠» مع رسالة رقيقة يأمل فيها ألا يسبب نشر هذا الكتاب أي مشاكل لي أو لدار الشروق.

وأود الإشـارة إلى أن كل هـوامش الكتـاب المرقـمـة هي للمؤلف، والأخرى للمترجم.

عادل المعلم

مقدمة

ليس هذا أول كتـبي عن الإسـلام، ولكني كـتبت كتبي السابقة لغير المسلمين.

لتقيـيم العـالم الإسـلامي على مشـارف القـرن الواحد والعشـرين، ومـاذا عليـه أن يفـعل حـتى يصبـح دين القرن، اضطررت لأن أكـون ناقداً شـديداً لكل من الغـرب والعـالم الإسلامي.

إذا كـان بوسـعي تقـديم شيء، فـقد يكـون ذلك الشيء هو الواقعيـة، والواقعية القاسـية. وآمل أن يتبـين للقراء كم أعاني شخصياً من المسائل المطروحة.

ولكني على قنـاعـة بأن المسلمين المهتـمين ـ المرتجين من السـبـات العمـيق، والدعـة، والشك في الذات، وعقليتهم التي اعتادت تبـرير المثالب ـ سوف يعملون جميعاً على تجديد هذا الدين، الأمر الذي نأمله جميعاً لصالح البشرية.

مراد هوفمان ـ إستانبول ١٤١٦هـ/ ١٩٩٥م

الإسلام عام ٢٠٠٠

أولاً: قليل من مستقبليات الإسلام

١ ـ ســيـحـتـفل العـالم في ٢٤ من رمضـان ١٤٢٠هـ ـ مع البهجة أو الألم ـ ببداية الألفية الثالثة بعد المسيح.

قــد يكون للمــسلمين أيضـاً أســبـابهم في أول يناير عـام ٢٠٠٠م ليـتـأملوا ويتفكروا مـاذا يخبئ لهم القدر، مـع قصـور دراساتهم المستقبلية.

قـد يرى المسلم ـ استناداً لمزاجه الشخصي وتجربته في الحياة ـ أن المسلمين في انحدار مستمر منذ فجر الإسلام في المدينة المنورة. ألم يحذرنا النبيﷺ أن كل قرن سيكون أقل من سابقه [١][٢]؟.

قد يرى مسلم آخر تاريخ المسلمين على شكل موجات فيها سلسلة متعاقبة من الارتقاءات والانحدارات، تتقدم ـ إن جاز التعبير ـ في شكل حلزوني!

---

(١) عن عمران بن حصين عن النبيﷺ قال: خير أمتي القرن الذي بُعثت فيهم، ثم الذين يلونهم، ثم الذين يلونهم، ثم يكون بعدهم قـوم يشهـدون ولا يُستـشهـدون، ويحلفون ولا يُستحلفون» رواه البخاري ومسلم وأبو داود والترمذي.
(٢) «اصـبـروا فإنه لا يأتي عليكم زمـان إلا والذي بعده أشر منه حتى تلقوا ربكم» رواه البخاري.

ومـسلم ثالث ـ متفـائل بوضـوح ـ يرى الإسـلام في تقـدم مستمر.

٢ ـ يسـتطيع كل من هؤلاء المسلمـين الثلاثة أن ينتـقي من القرآن والسنة ما يؤسس عليه نظرته.

ألـم يحـذرنا النبي ﷺ أن الإسـلام بدأ غـريبـاً ويعـود غريباً[1]؟.

ألم يخبرنا أنه سوف أن ينقسم المسلمون إلى ٧٣ فرقة [2] ـ بعد انقسام اليهود إلى ٧١ والمسيحيين إلى ٧٢ ـ فتثبط الهمم؟

ومن الناحية الأخرى، ألم ينهض الإسلام بعد كل كبوة؟ وألا ننتظر مجدداً على رأس كل مائة عام[3]؟

عَدَّ أبو حامد الغزالي (٥٠٥ / ١١١١) نفسه مجدداً كما يظهر من عنوان كتابه «إحياء علوم الدين».

---

(١) رواه مسلم وابن ماجة.

(٢) «افترقت اليهود على إحدى وسبعين فرقة، واحدة في الجنة، وافترقت النصارى على اثنتين وسبعين فرقة، واحدة في الجنة، والذي نفس محمد بيده لتفترق أمتي على ثلاث وسبعين فرقة، واحدة في الجنة» رواه أبو داود وابن ماجة.

(٣) «إن الله يبعث لهذه الأمة على رأس كل مائة سنة من يجدد لها دينها» رواه أبو داود.

كذلك يُمكن أن يُعد ابن تيمية (٧٢٨ / ١٣٢٨)، وشاه ولي الله (١١٧٦ / ١٧٦٣)، ومحمد بن عبدالوهاب (١٢٠١ / ١٧٨٧) ـ ومحمد عبده[1] (١٣٢٣ / ١٩٠٥) ـ الأستاذ الإمام ـ أيضاً مجددين. أحمد السرهندي (١٠٣٤ / ١٦٢٤) الذي قد يحمل لقب مجدد الألف الثاني.

٣ ـ قد يشكك المتفائل في وجود عصر مثالي سابق للإسلام من بعد الرسول.

هل طُبق الإسلام نموذجياً في العصور الأموية والعباسية والعثمانية، أو حتى في الأندلس؟ ألم تتراكم المعرفة والحكمة خلال التاريخ حتى اليوم؟ ألا يمكننا اليوم فهم الآيات العلمية في القرآن مثل العلق[2]؟

يستطيع المتفائل أن يدعم نظرته بأدلة من النصوص. أليس هو أحد أعضاء ﴿خَيْرَ أُمَّةٍ أُخْرِجَتْ لِلنَّاسِ﴾ [آل عمران: ١١٠]، والتي بمقدورها تغيير العالم إلى الأفضل في أخلاقياته ومعنوياته؟

---

(١) محمد عبده «رسالة التوحيد»، القاهرة ١٨٩٧م.
(٢) موريس بوكاي «التوراة والإنجيل والقرآن والعلم» الطبعة الخامسة. باريس ١٩٨٨م، الجزء السابع، وله أيضاً «القرآن والعلم الحديث» الرياض ص١٦. انظر أيضاً محمد طالبي/ موريس بوكاي «تأملات في القرآن» باريس ١٩٨٩م ص٢٣٣ ، ٢٣٤ .

ألا تعني ﴿إِنَّ اللَّهَ لَا يُغَيِّرُ مَا بِقَوْمٍ حَتَّىٰ يُغَيِّرُوا مَا بِأَنفُسِهِمْ﴾ [الرعد: ١١]، أن الله سوف يساعدنا إذا غيرنا ما بأنفسنا، ليس بإصلاح الإسلام، ولكن بإصلاح موقفنا وأفعالنا تجاه الإسلام؟ ألن يأتي حينئذ اليوم الذي ﴿وَرَأَيْتَ النَّاسَ يَدْخُلُونَ فِي دِينِ اللَّهِ أَفْوَاجًا﴾ [النصر: ٢].

يجيب المتشائم بحديث رواه جابر بن عبدالله وأبو هريرة:

«يدخل الناس الدين أفواجاً ويخرجون أفواجاً»(*).

فلا تتعلق سورة النصر بالمستقبل، ولكنها تعلقت بفتح مكة وحضور الوفود العربية للمدينة لتدخل في الإسلام.

يستطيع مثل هذا المتشكك أن يعيد صياغة فقرات من كلام كل من محمد عبده ومتصوف فرنسي، مدلولها هجرة الإسلام من العالم الإسلامي، حيث يجد المرء مسلمين كثيرين، ولكن الإسلام قليل...

(*) لم أجد هذا الحديث في الكتب الستة ولا موطأ مالك ولا مسند أحمد، ولكن رواه الحاكم وصححه.

ثانياً: قليل من التفاؤل

١ ـ قـد يكون من المفيـد أن نفحص العـالم كمـا هو الآن، فمـاذا نرى إذا فركنا أعيننا قليلاً؟ هل يتقدم الإسلام حقيقة؟ أم أنه ـ إذا تركنا المظاهر ـ ينحـدر؟ أو أن المسلمـين يتـرددون على حواف التاريخ، فريسة سهلة للاستعمار المادي والعقلي، كما هو حالهم لعدة قرون؟.

دعونا هذه المرة نسمع من المتفائل أولاً.

٢ ـ يجب على المرء أن يعـرف كـيف كـانت الحـال بمكة والمدينة في القرن السابق، ليتعرف على التقدم الحادث. لدينا أوصـاف يُعتمـد عليـها من الحجاج الغربيين أمثال: المسلم السـويسـري بروكارت الذي عـاش في مكة والمدينة ستة أشهـر في ١٨١٤ / ١٨١٥[1]. وقـد أيد رواية بـروكارت كلّ من المسلم البريطاني سيـر ريتشـارد بيرتون الذي زار مكة والمدينة في ١٨٥٣م[2]، والألماني غيـر المسلم هينريش ڤون مـالتـزان الذي عاش في مكة في ١٨٦٠م[3].

---

(١) چوهان لودڤيج بروكارت «مكة والمدينة» برلين ١٩٩٤م.

(٢) ريتشارد بيرتون «حكايات شخصية لحاج بالمدينة ومكة» نيويورك ١٩٦٤م.

(٣) هينريش ڤون مالتزان «حجي لمكة» توبنجن ١٩٨٢م.

اتفق المؤلفون الثلاثة على تدهور حالة الأماكن المقدسة.. انعدام الأمن، انتشار الخرافات.. وصدق أو لا تصدق ـ أكثر من ذلك.

لم تقم الصلاة بانتظام، حتى بين الحجاج، الذين هبط عددهم إلى ٧٠,٠٠٠ عام ١٨١٤م (حسب تقدير بروكارت)، ثم إلى ٣٠,٠٠٠ عام ١٨٦٠م (حسب تقدير مالتزان).

وفي الحقيقة، بعد غزو نابليون لمصر، وبعد الانهيار والتمزق المتتالي للإمبراطورية العثمانية خلال القرن التاسع عشر وبداية القرن العشرين، تنبأ الكثير من السياسيين والمستشرقين باختفاء الإسلام تماماً، وفي غضون حياتهم! فدرسوا الإسلام بصفته حضارة على وشك الاندثار، عليهم أن يسجلوها لأجيال المستقبل. وبهذه الروح، استطاع المستعمرون الفرنسيون تقدير عبدالقادر[1]، البطل الجزائري، الصوفي رجل الدولة، بوصفه شخصية فلكلورية غريبة، فيها شيء من الإزعاج، حتى الشخصيات التي تعاطفت مع الإسلام، جوته (١٨٣٢) ـ على سبيل المثال ـ أعجبه تشدد الإسلام في وحدانية الله، وليس الإسلام كما يعيشه العالم الإسلامي[2].

---

(١) برونو إنيه «عبدالقادر» ١٩٩٤م.

(٢) أحمد ڤون دنفر «الإسلام وجوته» ميونيخ ١٩٩٠م، ١٩٩٤م الطبعة الثالثة.

٣ ـ من يحج أو يعتمر اليوم، يجد التقدم هائلاً مقارنة بما كان عليه الحال في القرن الماضي. فقد تم توسيع الحرم المكي والحرم المدني بجمال واقتدار ليسعا ٤٨٠,٠٠٠، ٦٥٠,٠٠٠ حاج، وما زالا صغيرين أمام الزيادة الهائلة لمن يريدون الحج، والذين يحجون الآن طبقاً لحصص محددة لكل دولة لا تتعداها، وقلَّت السرقات، وأصبح النساء لا يدخلن البلاد منفردات، والصلاة تقام في أوقاتها أمام أنظار العالم.

٤ ـ اختلف موقف المستشرقين من الإسلام، منذ عشرينيات القرن الحالي، وكان ذلك بداية لتغييرات أخرى إيجابية، فلم تعد دراسة الإسلام على طريقة لورنس العرب لصالح الإمبريالية البريطانية، بل تولته نخبة من الأكاديميين الأوروبيين، منهم رينيه جينو، مارتن لنج، تيتوس بروكاردت، وليوبولد فايس: محمد أسد. ومن بين المستشرقين الذين لم يعلنوا إسلامهم، هناك جاك بيرك، لويس مانيون، ودنيس ماسون، آناماريا شمل ، والذين بدا بعضهم على وشك أن يدخل الإسلام.

وكثير من زملائهم المستشرقين، تحلوا في دراستهم الإسلام بروح التعاطف والاعتناق بدلاً من الاشمئزاز والضيق.

وفي الوقت نفسه، منذ الثلاثينيات، وضعت حركات إحياء الإسلام ـ من القاعدة العريضة للشعب ـ في معظم البلاد الإسلامية، الإسلام في الأجندة السياسية للبلد، ونموذج لذلك

حركة الإخوان المسلمين التي أسسها حسن البنا[1] في مصر، ودعاتها من أمثال سيد قطب (١٩٦٦م)، ومحمد الغزالي، كذلك أبو الأعلى المودودي (١٩٧٩م).

لم يجئ الإحياء من القاعدة العريضة للشعب فقط، فالحركة السنوسية، وإلى حد ما حركة محمد عبده، جاءت من أعلى، وانتشرت بفضل الإمكانيات المادية.

ومما لاشك فيه أن أغنياء المسلمين من الزعماء وغيرهم لهم أثر كبير وفاعل في إعطاء الدعوة الإسلامية بُعدًا كبيرًا في العالم؛ فعلى سبيل المثال ما يقوم به مجمع الملك فهد في المدينة المنورة من طباعة ملايين النسخ من القرآن الكريم وتوزيعها على المسلمين في جميع أنحاء العالم، هذا بالإضافة إلى طباعة الكتب الإسلامية وتوزيعها في جميع مكتبات العالم.

والخلاصة، إن ذلك التطوير، نُظر إليه كتهديد أصولي، **مما جعل الإسلام يحتل القمة فيما يشغل الإعلام العالمي في الربع الأخير من القرن الماضي.**

٥ ـ لا يتوقع أحد اليوم أن يختفيَ الإسلام، ولكن أن يمتد، بل وينفجر! ويضع جنرالات الناتو في حسبانهم أن أكثر المواجهات العسكرية احتمالاً في المستقبل لن تكون بين الشرق والغرب، ولكن بين الشمال والجنوب، فالإسلام هو العدو المتنامي المرتقب.

---

(١) «رسائل حسن البنا» بيركلي، لوس أنجليس ١٩٧٨، ما زالت مادة رئيسة.

يرجع بهذا الخوف المسلمون المهاجرون عند عودتهم لبلادهم. أصبح تعداد المسلمين في كل من ألمانيا والولايات المتحدة وبريطانيا وفرنسا بالملايين. وتقدر الإحصاءات الغربية إجمالي عدد المسلمين في العالم بـ ٥٤٧, ٩٩٠ مليون ـ وهو رقم متحفظ عليه ـ وهؤلاء يسببون الخوف والهلع[١].

تنتشر المساجد في العالم كله بين لوس أنجليس، روما، زغرب، حتى موسكو وبكين. وفي قرطبة الحاضرة القديمة للخلافة الأموية في الأندلس، أسس المسلمون الإسبان في ١٩٩٤م الجامعة الإسلامية الدولية «آفروس». وليس بعيداً عن الجامع القديم الرائع في قرطبة، يُرفع الآذان ثانياً للصلاة. يالها من إثارة! أن يحدث هذا بعد خمسمائة سنة من طرد آخر مسلم من الأندلس!

٦ ـ في التوقعات المستقبلية المذهلة لمحمد أسد (١٤١٢هـ/ ١٩٩٢م) في كتابه الهائل المشهور «الإسلام في مفترق الطرق» ـ الذي كتبه في دلهي عام ١٩٣٤م ـ تكلم عن صعود الإسلام مقابل انحطاط الحضارة الغربية المادية التي تشمل الاتحاد السوفييتي. وبمنهاج مختلف عن المنهاج الاعتذاري والتبريري أمام الغرب، بَيَّن أن الإسلام منهاج شامل كامل ناجح للحياة.

---

(١) انظر مقالة «عدد المسلمين في العالم» د. ل. م. دورية، هامبورج، فبراير ١٩٩١م.

رأى أسد الحرب العالمية الثانية كصراع لا مفر منه بين القوى المادية في الحضارة الغربية.

توقع أسد أن يجلب التناحر على المادة الكوارث على المعسكرين الغربي والشرقي، ويحط بالحضارة الغربية المادية ـ المملوءة زهواً بالنفس ـ حتى يتطلع الغرب ـ مرة ثانية ـ إلى الحقيقة الروحية، **«وتصبح الدعوة الناجحة للإسلام ممكنة»** والتأكيد هنا من عندي.

بدت تلك الرؤية غير دقيقة مدة ستين عاماً، فبعد الحرب العالمية الثانية، بدلاً من أن ينهار الغرب، انقسم إلى معسكرين، ظهر أنهما يوازنان بعضهما لعصور قادمة.

واليوم، بعد إفلاس النظام والعقيدة الشيوعية منذ ١٩٩٠، وعلامات الخطر بأزمة روحية أخلاقية في الغرب، تمر المسيحية بتغيير في المشروع، وما كان يُسمى «مشروع التحديث» يتساقط أمام أعيننا.

بدأ منظرو وعلماء الغرب يشكون إذا كانت افتراضاتهم الأساسية صحيحة.

ثالثاً: مراجعة المسيحية

١ ـ يمثل الاتجاه الحديث في المسيحية من ناحية النظرة إلى المسيح ـ دوره وطبيعته ـ الأزمة الروحية للغرب.

وكان محمد أسد بعيد النظر في هذا المجال أيضاً، فكتب في ١٩٣٤م: «ربما يكون أهم عامل فكري يمنع إحياء الدين في أوروبا، هو مفهوم بنوة المسيح لله» ... «انزعج المفكرون الأوروبيون غريزياً من المفهوم الوحيد الذي اعتادوه، فقد بدؤوا يرفضون فكرة الله، ومعها فكرة الدين».

كم كان أسد صائباً في ذلك، كما سنرى.

٢ ـ لنفهم هذا تماماً، ولنرى الجهد الفائق للتغيير الآن، يجب أن نرجع للمؤتمر الفاضح في نيقية عام ٣٢٥، ونتائجه العقديَّة القاتلة على الألف وستمائة عام التالية.

أمر الإمبراطور الروماني قسطنطين الأول، أو قسطنطين العظيم، في عام ٣٢٥ ـ وكان لا يزال وثنياً ـ بعقد مؤتمر مسكوني في نيقية ـ إزنيك اليوم ـ على بعد ١٩٥ كم جنوب بيزنطية ـ استانبول الآن ـ أمر الإمبراطور الوثني ـ وليس البابا سيلفستر الأول ـ بعقد هذا المؤتمر الذي افتتحه

الإمبراطور في ٢٠ مايو، وحضره ٢٢٥ من القساوسة، معظمهم من الشرقيين، لتبني ما أطلق عليه : قانون الإيمان أو العقيدة النيقية، والتي حددت وثبتت الفصل بين عقيدة المسيحيين من ناحية، وعقيدة اليهود والمسلمين من الناحية الأخرى.

بدون أي إعداد أو تحضير مسبق، وأي مناقشة جدية، تبنى الأساقفة صيغة قدمها الإمبراطور الوثني، تنص على أن:

عيسى المسيح ابن الله، هو الله نفسه، ليس مخلوقاً ولكن محدثاً بواسطة الأب الإله، ومن نفس جوهر الإله.

وبها تم وضع أساس عقيدة التجسيد المقدس، ومن ثم عقيدة التثليث.

كانت النتائج الفورية درامية بدرجة كافية، لأن غالبية المسيحيين في ذلك الوقت ـ أتباع الأسقف آريوس من الإسكندرية، والمسيحيين من أصل يهودي ـ اعتقدوا أن المسيح ليس من جوهر الله، ولكنه بشر اختاره الله، وبكلمات أخرى رسول، أصبح كل أولئك في نظر الكنيسة هراطقة، ومن ثم تم اضطهادهم[1].

____

(١) على ضوء هذا ـ وأمثاله ـ أعطى كارل ديشنر نقده لتاريخ الكنيسة «التاريخ الإجرامي لعالم المسيحية»، رينبك ١٩٨٦م/ ١٩٨٨م.

٣ ـ أنفق علماء اللاهوت والفلاسفة الكاثوليك والبروتستانت كثيراً من الجهد والوقت لفهم وشرح التجسيد والتثليث بطريقة عقلانية، وفشلوا دائماً، وهل كان يمكن غير ذلك؟ ولذلك لجؤوا إلى الحجة التي لا ترد أن التجسيد والتثليث من أسرار الديانة.

وبفعلهم هذا، غضوا البصر عن عدم وجود ما يشير إلى ذلك في الرسالة الصحيحة لعيسى. بل على العكس من ذلك، فعيسى ـ مثل محمد ـ أكد أنه بشر مثل باقي البشر.

٤ ـ لم يتأثر المسلمون مما قاله المسيحيون عن عيسى، وتمسكوا بما جاءهم في القرآن الكريم.

﴿إِنَّ مَثَلَ عِيسَىٰ عِندَ اللَّهِ كَمَثَلِ آدَمَ خَلَقَهُ مِن تُرَابٍ ثُمَّ قَالَ لَهُ كُن فَيَكُونُ﴾ [آل عمران: ٥٩]، ﴿مَا اتَّخَذَ اللَّهُ مِن وَلَدٍ وَمَا كَانَ مَعَهُ مِنْ إِلَٰهٍ﴾ [المؤمنون: ٩١]، ﴿قُلْ هُوَ اللَّهُ أَحَدٌ ۝ اللَّهُ الصَّمَدُ ۝ لَمْ يَلِدْ وَلَمْ يُولَدْ ۝ وَلَمْ يَكُن لَّهُ كُفُوًا أَحَدٌ﴾ [الإخلاص: ١ - ٤]، ﴿قَالَتْ رَبِّ أَنَّىٰ يَكُونُ لِي وَلَدٌ وَلَمْ يَمْسَسْنِي بَشَرٌ قَالَ كَذَٰلِكِ اللَّهُ يَخْلُقُ مَا يَشَاءُ إِذَا قَضَىٰ أَمْرًا فَإِنَّمَا يَقُولُ لَهُ كُن فَيَكُونُ﴾ [آل عمران: ٤٧]، ﴿وَمُصَدِّقًا لِّمَا بَيْنَ يَدَيَّ مِنَ التَّوْرَاةِ وَلِأُحِلَّ لَكُم بَعْضَ الَّذِي حُرِّمَ عَلَيْكُمْ وَجِئْتُكُم بِآيَةٍ مِّن رَّبِّكُمْ فَاتَّقُوا اللَّهَ وَأَطِيعُونِ﴾ [آل عمران: ٥٠]، ﴿قُولُوا آمَنَّا

بِاللّهِ وَمَا أُنزِلَ إِلَيْنَا وَمَا أُنزِلَ إِلَىٰ إِبْرَاهِيمَ وَإِسْمَاعِيلَ وَإِسْحَاقَ وَيَعْقُوبَ وَالْأَسْبَاطِ وَمَا أُوتِيَ مُوسَىٰ وَعِيسَىٰ وَمَا أُوتِيَ النَّبِيُّونَ مِن رَّبِّهِمْ لَا نُفَرِّقُ بَيْنَ أَحَدٍ مِّنْهُمْ وَنَحْنُ لَهُ مُسْلِمُونَ ﴾ [البقرة: ١٣٦]، ﴿ قُلْ آمَنَّا بِاللّهِ وَمَا أُنزِلَ عَلَيْنَا وَمَا أُنزِلَ عَلَىٰ إِبْرَاهِيمَ وَإِسْمَاعِيلَ وَإِسْحَاقَ وَيَعْقُوبَ وَالْأَسْبَاطِ وَمَا أُوتِيَ مُوسَىٰ وَعِيسَىٰ وَالنَّبِيُّونَ مِن رَّبِّهِمْ لَا نُفَرِّقُ بَيْنَ أَحَدٍ مِّنْهُمْ وَنَحْنُ لَهُ مُسْلِمُونَ ﴾ [آل عمران: ٨٤]، ﴿ يَا أَهْلَ الْكِتَابِ لَا تَغْلُوا فِي دِينِكُمْ وَلَا تَقُولُوا عَلَى اللّهِ إِلَّا الْحَقَّ إِنَّمَا الْمَسِيحُ عِيسَى ابْنُ مَرْيَمَ رَسُولُ اللّهِ وَكَلِمَتُهُ أَلْقَاهَا إِلَىٰ مَرْيَمَ وَرُوحٌ مِّنْهُ فَآمِنُوا بِاللّهِ وَرُسُلِهِ وَلَا تَقُولُوا ثَلَاثَةٌ انتَهُوا خَيْرًا لَّكُمْ إِنَّمَا اللّهُ إِلَهٌ وَاحِدٌ سُبْحَانَهُ أَن يَكُونَ لَهُ وَلَدٌ لَّهُ مَا فِي السَّمَوَاتِ وَمَا فِي الْأَرْضِ وَكَفَىٰ بِاللّهِ وَكِيلاً ﴾ [النساء: ١٧١]، ﴿ لَقَدْ كَفَرَ الَّذِينَ قَالُوا إِنَّ اللّهَ ثَالِثُ ثَلَاثَةٍ وَمَا مِنْ إِلَهٍ إِلَّا إِلَهٌ وَاحِدٌ وَإِن لَّمْ يَنتَهُوا عَمَّا يَقُولُونَ لَيَمَسَّنَّ الَّذِينَ كَفَرُوا مِنْهُمْ عَذَابٌ أَلِيمٌ ﴾ [المائدة: ٧٣] .

حتى أولئك الذين يُطلق عليهم مسلمون عصريون أو مستغربون أو مسلمون بالميلاد... لم يخرجوا عن المفهوم القرآني لعيسى.

٥ ـ لاح في المائتي سنة الماضية في العالم المسيحي تعذر الاستمرار في قول اتخاذ الله ولداً.

وفي الواقع، يشرح فقدان المصداقية الواضح في عقيدة الكنيسة في عيسى، انتشار الإلحاد واللاأدرية وهجران

الكنائس، وتحـول النـاس إلى مـــذاهب أخـرى مـــثل الأنثروبوسوفي، البوذية، وشامانيـة الهنود الحمـر، ومسـاواة المرأة بالرجل... وغير ذلك.

لذلك كان من الطبيعي أن تبـذل المحـاولات الجادة خلال الستين عـامـاً الماضيـة لإعادة تأويل مفهوم عيسى داخل النظام المسيـحي. وكـان رواد ذلك المفكرين البـروتسـتـانت كارل بارت (١٩٦٨م)، رودلف بولتمـان (١٩٧٦م)، والبروفيـسور الجيـزويتي كارل رانر.

لقد عَدَّ بارت عيسى بشراً، تفرد باختيار الله له.. وصفة هائلة في الحقيقة!

أما بولتمان، فبأسلوبه النقدي للتاريخ، نزع الأساطير من العهد الجديد لدرجة أن أكثر علماء اللاهوت أصبحوا متفقين على استحالة تأسيس شخصية عيسى التاريخية على ما جاء في العهد الجديد.

انسـاق رانر في ألاعيب فكرية خادعة ليفك عقدة مجمع نيقيـة. كان رانر من ناحيـة جسوراً بما يكفي لإعادة تشكيل نظريات التجسيد، بتقرير أن عيسى كان بشراً تميز بالتسليم

الكامل لله «كتاب مشاكل المسيح اليوم»، التجسيد الإلهي في مسـألة الإلهـام ممكن نظرياً لأي شـخص، وعيـسى هو المثل الكامل لهذا التدخل الإلهي.

ومن النـاحيـة الأخـرى، مـنطق نفس البـروفيـسـور رانر التـجـديف بـأن قـال يمكن للإله ـ آخـر الأمـر ـ أن يخلق إلهـاً شريكاً إذا أراد...!

يكفي مـا سبق لبيـان الأزمة العميقة لطبيعة المسيح ودوره في المسـيـحـية. ﴿ وَمَا تَفَرَّقُوا إِلَّا مِنْ بَعْدِ مَا جَاءَهُمُ الْعِلْمُ بَغْيًا بَيْنَهُمْ وَلَوْلَا كَلِمَةٌ سَبَقَتْ مِن رَّبِّكَ إِلَى أَجَلٍ مُّسَمًّى لَّقُضِيَ بَيْنَهُمْ وَإِنَّ الَّذِينَ أُورِثُوا الْكِتَابَ مِن بَعْدِهِمْ لَفِي شَكٍّ مِّنْهُ مُرِيبٍ ﴾ [الشورى : ١٤] .

٦ ـ يحاول علماء اللاهوت الكاثوليك والبروتستانت الطفو على صيغة يصعب الاعتمـاد عليها، ويمكن للمرء أن يميـز في المعسكر المسيحي ثلاثة مفاهيم للكريستولوجي[*] :

٭ لم يكن عيسى شخصية تاريخية.

٭ كان عيسى إنساناً كاملاً، اختاره الله وألهمه، ولكن ليس من جوهر الله نفسه، ولم يقم من قبره [١] .

____

[٭] علم طبيعة المسيح.
[١] جيرد لودمان «قيام عيسى» ١٩٩٤م، جوتنجن.

* تنتشر الفضائل والرذائل بالتساوي بين أتباع كافة الديانات، وتمثل كلها مفاهيم ورؤى مقبولة ولكن محدودة لنفس الحقيقة.

(بول شفارتزناو، جون هيك) يقود المفهوم الأول للتركيب الأسطوري لعيسى. يدعو الأسقف الدومنيكاني ماثيو فوكس لتبني هذا المفهوم الجديد، كما لو كان تأمله وتخمينه قادرين على الصمود بدون وجود تاريخي لعيسى. (يبدو أن فوكس يقول: فكرة عيسى جميلة جداً، لدرجة أنه يجب اختراعها حتى ولو لم يكن هناك عيسى).

يشير جون هايك (برمنجهام) محقاً إلى أن شخصية فوق تاريخية مثل عيسى (كما مثلته الأساطير) ليست إلا أحد المصطلحات الخاصة بالحقيقة الفائقة.

يتعرض المفهوم الثاني بإعادة البشرية الصرفة لعيسى إلى صعوبة الزعم بتفرده بين الرسل والأنبياء، وفي الحقيقة فإن عيسى مثل هذا، أليس هو نفس عيسى في القرآن؟

تفسر هذه المعضلة لماذا استبدل المفكرون المسيحيون العقيدة الكاثوليكية الشاملة ـ لا خلاص خارج الكنيسة ـ والتي ماتت منذ المجمع الفاتيكاني الثاني (١٩٦٢م ـ ١٩٦٥م) بعقيدة شاملة أخرى:

أتى عيسى بالخلاص طوعاً وكرهاً لكل إنسان تقريباً؟

يحـول المفـهـوم الثـاني المسلمين إلى مـسـيـحـيـين غـيـر معروفين... (شكراً!).

وهناك ما يعكر هذا الافتراض:

يمكننا استنتاج أن المسلمين فقط يتمسكون بعيسى ومريم التاريخيين، ويرفعونهما في تقدير!

يـهـدف المفـهـوم الثـالث لاتحـاد نسـبي لكل ديانات العـالم، يظهر فيه «العصر بعد المسيحي» يافعاً[1].

وهذه هي النظرة المحببة لقلوب الصوفية في كل العصور.

نشـــر جــلال الدين الرومي (١٢٧٢هـ) ـ ملهم الدراويش الدوارين أو الراقصين ـ تعـانق الجـمـيـع في ديانة الحب العـالمي. فيـقـول في ديوانه «أنا لست مـسـيـحـياً ولا يهـودياً ولست أيضاً فارسياً ولا مسلماً»[2]. هذا شعور بوحدة الكون، كالذي عبر عنه فردريك شـيـلر في القصـيـدة الغنائية التي اختارها لودفيج فان بيتهوفن في سيمفونيته التاسعة (تعانقوا أيها الملايين!).

---

(١) چون هايك: «الحقيقـة والإصـلاح في المسيحية والديانات الأخرى» الجزء الثاني، بالف ١٩٩٤م ص ١١٣ ـ ١٢٧ .
(٢) ديوان جلال الدين الرومي.

٧ ـ تأخذ هذه العمليات التصحيحية بالأنفاس، فلأول مرة منذ ١٤٠٠ سنة قمرية تلوح فرصة حقيقية لأن تتطابق التعاليم المسيحية مع المسيحيين اليهود، والصورة القرآنية للمسيح.

إذا تحقق هذا، يكون الإسلام أكمل مهمته في هذا الميدان، ويبزغ الأمل في حوار مسيحي ـ يهودي ـ إسلامي، ولأول مرة في مجال العقيدة، بعد أن كان محصوراً في مجال الأعمال الاجتماعية. وعلى عكس ما كان يقترحه البروفيسور الكاثوليكي هانز كونج، لن تصبح مسألة عيسى غير قابلة للاقتراب منها، أو للتفاهم بشأنها. وكنتيجة لذلك، قد يقبل المسيحيون في النهاية القرآن على أنه كتاب إلهي موحى به، ومحمد كمبلغ للكتاب.

رابعاً: ما الذي قام الإسلام ضده؟

١ ـ يا حسرتاه، لدينا سبب ضعيف لنأمل أن نرى المسيحيين يدخلون في دين الله أفواجاً، والاحتمال الأكبر أن يؤدي الانهيار الوشيك للكنائس المسيحية لزيادة الطلب على تجارب الديانات الخاصة ذات الأتباع القليلين، في دُكَّان الديانات العديدة!

كثير من أعضاء الكنيسة السابقين الذين سينفصلون عنها، بدلاً من اعتناق الإسلام، سوف يعملون كمن اتخذ إله هواه.

باختصار، وعلى الرغم من النمو الهائل للإسلام في العالم المسيحي، فإنه سوف يواجه على الأرجح في القرن ٢١ مواقف مختلفة مختلطة: وثنية جديدة، لا أدرية، إلحاداً، شركاً من نوع جديد، عصبية... إلخ. (بالإضافة إلى ظهور أناس) يعبدون أصناماً جديدة مثل: الكوكايين، التتجيم، بوريس بيكر، كلوديا شيفر.

٢ ـ في تقديري، لن يكون الصراع فيما بعد بين المسلمين والمسيحيين، أو المسيحيين واليهود، ولكن بين الأقلية التي تؤمن بالله ـ المسلمين لله بالمعنى الأصلي للكلمة ـ والأكثرية التي أصبحت لا تستريح لفكرة الله، ولا تجد لها معنى، الناس

الذين تنحصر عندهم الحقيقة في حواسهم الخمسة، فالدين عندهم خرافات، أفيون للشعوب، وعلامة على خداع النفس، يكشف عن اختلال المنطق وحاجة للشجاعة ونقص في الذكاء.

لا يوجد فرق أساسي في هذا المجال بين المجتمعات الشيوعية سابقاً ـ التي تعرضت لسياسة إلحادية فاعلة ـ والبلاد الغربية التي لم يُشجع الإلحاد فيها علناً، ولكن تحت سيطرة المادية والاستهلاك المطلقين، أصبح الإلحاد الطابع العام للحياة.

في الواقع، تشرب الغرب واستنشق كارل ماركس، تشارلز دارون، فردريك نيتشه، سيجموند فرويد(*) ـ ومعهم كل الفلسفة الوضعية والعلمية ـ بطريقة مبتذلة.

سلكت البلاد الإسلامية ـ لحد ما ـ الطريق نفسه بعد استعمار الغرب لها. هجر أكثر أهل الفكر في تركيا ـ على سبيل المثال في إستانبول، أنقرة، إزمير ـ ميراثهم الإسلامي تماماً في سبيل الحداثة الأوروبية، وذلك في غضون جيلين من كمال أتاتورك، لدرجة أنَّ مِنْ أولادهم من لا يعرف شيئاً عن الإسلام ولا يستطيع قراءة الفاتحة.

____

(*) وهويز الذي قال: الإنسان ذئب لأخيه الإنسان.

بالطبع ما يزالون يحتفلون بعيد الفطر ـ دون أن يصوموا رمضان ـ مثلهم في ذلك مثل المسيحيين في أوروبا وأمريكا الذين يحتفلون بأعياد الميلاد، دون أن يجزموا بوجود الله أو المسيح، ولا يتعارض ذلك عندهم مع اعتبار أنفسهم مسيحيين. فالمسيحية تعني فقط امتنان الرأي العام لانتشار حضارة إنسانية قامت على التراث المسيحي بقدر مساو للتراث الإغريقي والروماني. وما زالت مراسم التعميد والزواج والدفن تتم بطريقة سطحية، فهي لن تضر.. وقد تفيد بشكل أو بآخر.

على الرغم من أنه ما زال الكثير من الناس يشعرون بتعاطف تجاه العادات الوثنية المصاحبة لاحتفالات أعياد الميلاد، فإنه حتى عندما يخاطب المستشار الكاثوليكي هلموت كول الشعب الألماني في هذه المناسبة، فالله أو المسيح غالباً لا يجيء ذكرهما.. فقد انحصر الإيمان المسيحي في الأصوليين، الذين يحاولون ـ دون جدوى ـ إحياء الكنيسة من أسفل.

٣ ـ عوض الغرب خسارته لله بإيمان لا حد له بالتقدم، الذي جعل العالم يبدو أكثر استنارة وعقلانية، أكثر تحرراً وإنسانية!. أصبحت عملية الحداثة على طريقة الحياة الأمريكية النموذج الذي يجب تشكيل العالم عليه.

لا يهضم رجل الشارع الغربي ـ بصرف النظر عن مستوى تعليمه ـ إلا أن يعيش العالم كله مثله، في مأكله ومشربة وملبسه وعاداته يلبس الجينز، يأكل الهامبورجر، ويشرب الكولا، يشاهد C.N.N، إن عاجلاً أو آجلاً[١].

تسلطت هذه الفكرة بعد انهيار المعسكر الشيوعي عام ١٩٩٠م، مما حدا بفرانسيس فوكوياما ـ رئيس قسم تخطيط السياسة ـ أن ينشر مقالته، التي جعلها بعد ذلك كتاب «نهاية التاريخ». كانت الرسالة واضحة: فقط البلاد المتخلفة والنائية سوف تعجز ـ لفترة بسيطة ـ عن استيعاب التفوق المطلق للمنهج الغربي بما فيه من عقلانية، تحرر، فردية، تسامح، برلمانية، حقوق الإنسان.

بكلمات أخرى، يعتقد الغرب بصفة عامة أن أسلوب الحياة الأمريكي سيفرض نفسه على العالم.

عندما يطالب هاز كونج بـ «أخلاقيات عالمية»، أو عندما يدعو فيلفريد سميث لتنمية «لاهوت عالمي» فإنهما في اعتقادي يفكران في أساس أوروبي لذلك[٢]. سيواجه العالم

---

(١) د. مراد هوفمان «الإسلام كبديل» ١٩٩٣م باللغات الألمانية والإنجليزية والعربية.
(٢) ن. روس ريت وإدمون بيري «لاهوت عالمي» كبريدچ، إنجلترا ١٩٩٢ .

الثالث ـ لا شك في ذلك ـ غرباً ظافراً في مجال الصلاح[1]، الأمر الذي ينم عن العنصرية[2].

٤ ـ إذا لم يرد العالم الإسلامي أن يعيش في مثل تلك الثقافة الواحدة، وجب عليه أن يبذل جهداً هائلاً ليحقق دار إسلام القرن ٢١، حيث تصبح كلمة الله قانوناً، وتزدهر الحضارة الإسلامية من جديد. في عالم يشعر فيه المسلم أنه في بيته، ليس كمواطن، ولكن كمؤمن وعضو في الأمة الواحدة. عالم يمارس فيه المسلمون التكنولوجيا بعد تهذيبها من اللاإنسانية. عالم يصعد فيه المدح والثناء للواحد الأحد، وله كل التسليم والخضوع.

عالم لا يستبد فيه الاقتصاد وكفاءة التشغيل والإنتاجية والتكونولوجيا العالية، ومعدل التنمية، والحصول على أقصى ربح ـ وإنما تتحكم فيه متطلبات البشرية، المادية والعاطفية والروحية.

باختصار، إذا أردنا نحن المسلمين أن نُترك وشأننا، فعلينا أن نجاهد جهاداً جباراً لنحمي حقنا في الاختلاف الثقافي في عالم يسعى لفرض النموذج الغربي علمياً. سوف يتطلب هذا ـ كما

---

(١) روبرت كورف «الصلاح الظافر، دخل لتوحيد ديانة العالم» ١٩٩٢م.
(٢) ضياء الدين سردار: «الآخرون البربر، إعلان عنصرية الغرب»، لندن ١٩٩٣م.

سنرى فيما بعد ـ «إعادة تأسيس الفكر الإسلامي»[1]، لمواجهة مد ما بعد الحداثة في كل الجبهات: التعليم، الاتصالات، العلوم السياسية، القانون، الاقتصاد، والتكنولوجيا.

باختصار، يتطلب ذلك أن يعود المسلمون بالميلاد، إلى مسلمين بالإيمان والفعل، وليس هناك بديلٌ عن ذلك.

٥ ـ لا ينبى الموقف الذي جاهر به فوكو ياما وزملاؤه عن إمكانية حوار متكافئ بين الشرق والغرب، إن كان أي حوار على الإطلاق. ولنكن فطناء: ما الذي يجعل اللاأدرية العلمانية تهادن الإسلام وتسعى لحلول وُسْطى معه إذا كانت قد أفلحت بسهولة تامة في تقليص المسيحية إلى خدمة اجتماعية؟

ما الذي يجعل الغرب يهتم بأن يبحث مع المسلمين مسائل تسمو عن المادة بعد أن نجح في حذفها من أجندته؟

ما الذي يجعل الغرب يأخذ ثقافة العالم الثالث مأخذ الجد إذا كان العالم الثالث ـ بما في ذلك كثير من المسلمين ـ اتخذوا الغرب قبلة، وجعلوا من أنفسهم نماذج للسخرية لدى الغرب؟

يجد السائح الغربي في بعض البلدان الإسلامية النبيذ والخنزير، الإباحية والعري، اليانصيب القومي والقروض

___

[1] محمد إقبال.

الحكومية ذات الـ١٤٪ فوائد، ويجد العمل بالتقويم المسيحي، وجعل السبت والأحد إجازة أسبوعية، أما المساجد فلا تمتلئ بالمصلين. ما الذي يجعله يأخذ العمال الأجانب في بلده مأخذ الجد عندما يسألون عن اللحم الحلال.

ألن تبدو له مدن مثل إستانبول وإزمير ذات وثنية حديثة بالرغم من الأذان (ضعيف الاستجابة)؟

الحوار بين الشمال والجنوب هو في اتجاه واحد، فقد ربح الغرب سباق الإعلام من زمان، ليعرض أفكاره على المسلمين بالجملة، ويتحكم في حياتهم كالطاعون[1].

٦ ـ رغم كوارث المائة عام الماضية، يبدو ـ بطريقة لا تصدق ـ أن الإيمان الأبله للغرب بالإله الجديد «التقدم» ما زال سائداً.

هل لم يستطع الناس أن يتحققوا أن الحكم المستنير للعقلانية والإنسانية، لم يمنع حربين عالميتين وحشيتين، استخدمت فيهما قنابل الغاز والقنابل النووية، والقصف الإستراتيجي على المدنيين في مدن مثل درسدن.

---

(١) جلال أحمد «الاستغرابية ـ طاعون من الغرب» بركلي ١٩٨٢ .

هل إستراتيجية مبنية على الردع المتبادل مع التهديد بالإبادة النووية تُعد عقلانية؟ يمكنني أن أستمر، ولكن لن أفعل.

يمكن للمفكرين الغربيين أن يستنتجوا ـ وقليل منهم فعلوا ـ أن الأحداث الرهيبة للقرن الحالي، نفت إمكانية أن تعتمد الأخلاق على التقدم. تسليم الإنسان للأوامر الأخلاقية الإلهية ـ ولا شيء غير ذلك ـ يمكن أن يضبط الأعمال الأخلاقية ـ للأفراد والجماعات.

٧ ـ معلوم أن الأفكار العلمية تصبح مقبولة بعد سنوات كثيرة من إحكامها وإتقانها، لذلك ليس من المستغرب أن عامة الملحدين، واللاأدريين في الغرب، يتبعون ـ بفخر ـ أفكارًا فلسفية من القرن التاسع عشر، متجاهلين تعارضها مع نتائج أبحاث حديثة. يصدق هذا بصفة خاصة على الفيزياء Micro, Macro، وأبحاث المخ.

سوف يذهل كثير من الأكاديميين «المفكرين» عندما يعلمون عدد علماء الطبيعة والطب والبيولوجي المتفوقين ـ مع

استثناء، ستيفن هاوكنج[1] ـ الذين يعتقدون في وجود قوة عليا مفكرة خلقت الأكوان[2] .

تطور الفيزياء لمرحلة ما بعد العلم الحديث، والذي فتح الباب أمام الحقيقة الميتافيزيقية (ما وراء الطبيعة)، بدأ على يد ماكس بلانك (١٩٤٧م) مكتشف نظرية الكمية، ألبرت أينشتاين مكتشف نظرية النسبية (١٩٥٥م)، ثرنر هايزنبرج (١٩٧٦م) الذي أعلن في ١٩٢٧م مبدأ عدم التأكد أو عدم التحديد بعد اكتشافه استحالة تحديد وضع وسرعة الإلكترون في الوقت نفسه، فإما أن يظهر كجزيء أو كموجة .

دمر هؤلاء الألمان العمالقة مع زملاء لهم مثل: نيلز بوهر، وماكس بورن، آرثر إدنجتون، إروين شرودر ـ على سبيل المثال لا الحصر ـ المبادئ التقليدية للمادة، الزمن، الفراغ.. ليمهدوا لإعادة

---

(١) ستيفن هاوكنج «موجز تاريخ الزمان»، نيويورك ١٩٨٨م.

(٢) من بين هؤلاء الباحثين في العقل چون إيكلز الحائز على جائزة نوبل «النفس وعقلها»، نيويورك ١٩٧٧م، والفيلسوف الفرنسي چان جيتون «الله والعلم» باريس ١٩٩١م، في مناقشة مع جريشكا وايجور بوجدانوث.

دخــول الدين في العلم. لخص ريتـشـار ســوينبــرن[1] نظرية الاحتمالات قائلاً: إنه غير مقبول لأقصى الحدود عدم وجود الله.

في الحقيقة، أكثر الفيزيائيين المذكورين، وكارل فريدريش ثون ڤايسـاكـر مـعـهم، تحـولوا ـ بالمصطلح الفلسفي ـ إلى مثاليين ما بعد الأفلاطونية، فيعتقدون بوجود العالم الروحي، وربما هو الوحيد الموجود[2].

لا أريد الزعم أن رجل الشارع غفل عن تلك الثورة كلياً، ولكن مـا اقتبسـه منهـا هو أكثر قليـلاً من أن كل شـيء نسبي، وكل الإدراكـات تقع تحت تأثيـر نفسي، والمنطق البشـري قـادر فقط على تحديد أبعاده ـ المتمـاثلة مع الإدراك الحسـي ـ كـما ألح دافيد هيوم (تساؤل حول الفهم الإنساني)، إيمانويل كانت (نقـد العقل الخـالص)، لودفيج فيـتـجنشتاين (بحث المنطق الفلسفي) كل في زمنه.

وفي الحقيـقـة، الفيـزياء الحـديـثة التي أخطأ العـامـة

---

(١) ريتشارد سوينبرن «وجود الله» أكسفورد ١٩٧٩م.

(٢) هانز ـ بيتردرد «الطبيـعـة والسمـو»، ميونيخ ١٩٨٦م، بريجيت فوكنبرج «ميتافيزيقا الجسيمات» ١٩٩٤م.

مغزاها، لم تؤد لتواضع المفكرين ـ مثلما كان من أبي الحسن الأشعري (٣٣٠ / ٩٤١) ـ ولا للاعتراف بأن أحدث ما عرفناه عن بدء الكون والحياة على الأرض ينسجم مع ما جاء به القرآن في ذلك المجال.

بل رأى الإنسان الحديث شكه، لا أدريته، وفرديته، رأى هذه الأمور تتأكد بانهيار الماركسية، الداروينية والفرويدية. صاغ ذلك الفليسوف يورجن هابريماس: أصبحت الأخلاقيات الحديثة تجسيداً لمبدأ الذاتية[1] بكلمات أخرى، استمر الناس في الاعتقاد ـ بطريقة الدين الزائف ـ أنه لا خلاص خارج العلوم، واستمروا على خطئهم في إقامة ذلك العلم القاطع على مادية ووضعية القرن التاسع عشر التي عفا عليها الزمان.

٨ ـ إنه لأمر مزعج قلة من يهمهم شأن ما أصاب مجتمعاتهم في الغرب.. فقدان المعنى، وغياب أي هدف أسمى في الحياة، مع ازدياد الفراغ ـ نقص روحي ينذر بتحويل الوجود الفردي إلى مهمة يائسة عديمة المعنى ـ حقاً كما قال برافيس منصور: الإلحاد يجبي ضريبته من كل نفس في الغرب.

____

(١) يورجن هابريماس «مقالات فلسفية حديثة» فرانكفورت ١٩٨٥م.

كما لو كان الانحطاط المأساوي لأخلاق الغرب وتضامنه غير واضحين: الجريمة، إدمان الكحوليات والمخدرات، الشذوذ المعلن، الإساءة للأطفال، ارتفاع معدلات الطلاق (إن كان هناك زواج من الأصل)، الإباحية الشديدة. قد يكون الأسوأ في ذلك اتجاه الشباب ليعيشوا فرادى رجالاً ونساءً، ولا يستطيع أحد حتى الآن أن يقدر حجم الخسارة لجيل نشأ دون وجود أحد والديه.

٩ ـ يصاحب هذه الورطة ويعقِّدها روح تشككية بعيدة عن اليقين والاطمئنان. تأكد الناس أن المستقبل لا يحمل ما يتوقعونه، تلا انهيار الشيوعية فترة قصيرة لانتصار الغرب، وبدلاً من أن ينعم العالم بالسلام، انتكس إلى قوميات وشوفينيات القرن التاسع عشر، وما تسببه من حروب مسعورة مثل تلك التي شنها الأرثوذكس اليونانيون والصرب ضد كل من كرواتيا والبوسنة والهرسك، والتي شنها الروس على المسلمين في القوقاز.

ولم يسترح الناس أيضاً عندما تحققوا أن العالم المسمى بالمتحضر غير قادر على كبح تدمير البيئة سواء بسبب نوع الوقود أو الزيادة المتناهية في الاستهلاك.

يُلهب الدخان والضباب فوق المدن الكبرى مخيلاتنا بيوم القيامة.

ولكن لا يمكن كبح جماح الهدونيزم[1].

استنزف الانحلال قوة إرادة الغرب، ولا تستطيع الطبيعة أو البيئة أن تحل محل الدين في بواعثه وأهدافه ومرجعيته الشاملة، ولا يمكن أن تمد الإنسانية بقيم تجمعها.

(*) الهدونيزم: مذهب فلسفي يقول: إن اللذة والسعادة هما الخير في الحياة.

خامساً: الإسلام والغرب: مواجهة أخرى؟

١ ـ لن يكون من العدل اتهام الثقافة الأوروأمريكية ذات المدخل الاستعماري الجديد بالعجز الكامل عن أي تسامح مع الأديان، بل بالعكس، فقد يهتم أكثر الأشخاص استنارة اهتماماً اجتماعياً ببعض الأديان، مثل: البوذية والثيوسوبية[*].

وفي الواقع، يستطيع المرء في أوروبا أو الولايات المتحدة أن يتبع مرشده الروحي الهندي، أو يمارس سحر الهنود الحمر الشاماني دون خطر أن يفقد عمله أو حياته. طالما ليس هناك ما يمس العمل أو المؤسسة السياسية، فلا ضرر من اتباع ديانات غريبة، وأسوأ ما يقال في ذلك أنه شيء غريب.

وفي العادة، فإن اتباع ديانة ما يُعد من الأمور الخاصة، كنوع من الفولكلور، والقاعدة العامة فى ذلك: كل شيء يجوز!

إلا:

إلا إذا كان الدين المعني هو الإسلام.

فالإسلام هو الدين الوحيد الذي لا يشمله التغاضي اللطيف، أو التسامح الجميل. أسباب ذلك معقدة ومتنوعة،

---

[*] الثيوسوبية: معرفة الله عن طريق التأمل والتصوف.

يرجع بعضها إلى الحروب الدموية بين المسيحيين والمسلمين، والصراع السياسي والتجاري للسيطرة على البحر المتوسط.

٢ ـ ترجع عداوة المسيحيين للإسلام تاريخياً، لاعتقادهم أن محمداً صلى الله عليه وسلم كان دجالاً. كان ذلك سيئاً بما يكفي في عيون المسيحيين، الذين من الناحية الأخرى تفهموا أن يظل اليهود متمسكين بالإيمان الموسوي، نتيجة الميل الطبيعي عند الناس للتمسك بالعادات والاعتقادات القديمة. (ألم يكن ذلك موقف كفار قريش من الدعوة؟).

ولكن ظهور دين جديد بعد المسيح بحوالي ٦٠٠ عام، اعتبر فيه المسلمون خلاص العالم بسبب صلب المسيح ابن الله ليس فقط استفزازاً بل إهانة ، سبب رد فعل عند المسيحيين. ويمكن للمسلمين أن يفهموا شعور المسيحيين عندما يجدوا طوائف جديدة تظهر بعد محمد وتدعي أنها أوحي إليها، مثل الدروز والبهائيين والقاديانيين[*] فالقرآن يقول بوضوح: ﴿الْيَوْمَ أَكْمَلْتُ لَكُمْ دِينَكُمْ وَأَتْمَمْتُ عَلَيْكُمْ نِعْمَتِي ورَضِيتُ لَكُمُ

____

[*] ولكن ليس في الأناجيل ـ حتى بصورتها الحالية ـ ما يفيد أن عيسى عليه السلام آخر الرسل، بل هناك كثير من الآيات التي توحي بانتظار رسول آخر، سواء في العهد القديم أو الجديد، وقد بين كثيراً منها أحمد ديدات.

الإِسْلَامَ دِينًا ﴾ [المائدة: ٣]، ﴿ مَا كَانَ مُحَمَّدٌ أَبَا أَحَدٍ مِّن رِّجَالِكُمْ وَلَكِن رَّسُولَ اللَّهِ وَخَاتَمَ النَّبِيِّينَ وَكَانَ اللَّهُ بِكُلِّ شَيْءٍ عَلِيمًا ﴾ [الأحزاب: ٤٠].

السبب التاريخي الثاني لنمو العداء، هو الاقتناع المسيحي أن الإسلام دين قتال وعدوان، ويبررون انتشاره بالعمليات العسكرية. فكيف بالله يمكن لأحد أن يبرر التوسع الهائل للإسلام من الحجاز إلى القسطنطينية (٦٦٨)، وسط فرنسا (٧٣٣)، والهند(٧١٠)؟

لا يستطيع العالم المسيحي أن يعترف ببساطة أن الإسلام انتشر لأنه حرر الشعوب التي كابدت الحكم القيصري والبابوي والكسروي، وأن كثيراً من المسيحيين الذين زندقهم مجمع نيقية رحبوا بالإسلام الذي قال عن عيسى ما كانوا يعتقدون، فهو رسول وليس ابن الله. هجر الناس الكنائس أفواجاً ودخلوا في الإسلام.

بأي طريقة أخرى استطاع حفنة من العرب أن يقهروا الإمبراطوريات؟

ولكن حتى اليوم ـ لحفظ ماء الوجه ـ يصر العالم الغربي على الأسطورة التي اخترعها، أن الإسلام انتشر بالسيف والنار(١)(*) .

الإدعاء أن محمداً قلد ـ برداءة ـ بعض تعاليم المسيحية، وجذب دينه الجديد البسطاء ببدائيته الجنسية، ألم يسمح الإسلام بالزواج من أربع؟ ألم يكن الرسول ﷺ متعدد الزوجات؟ سُمي بعد ذلك ـ وحتى اليوم من سلمان رشدي ـ «Mahound»(*)؟

---

(١) نموذج لذلك التضليل «الحرب المقدسة باسم الله» فيلي ديتل ـ ميونيخ، ١٩٨٣م.

(*) ويعجب المرء من استمرار تلك الأسطورة حتى اليوم، حيث المسلمون مستضعفون في مشارق الأرض ومغاربها، ومع هذا يزيد تمسكهم بالإسلام في بلاد مثل كشمير والبوسنة والهرسك والشيشان وغيرها، بل ويدخل آلاف الأمريكيين والأوروبيين في الإسلام سنوياً. ناهيك عن البلاد التي دخلت الإسلام بأكملها دون أن يصلها جندي مسلم واحد، ومثال لذلك أندونيسيا وماليزيا وتايلاند والفلبيين، فيها عدد من المسلمين يتجاوز المسلمين العرب، كذلك كل إفريقيا المسلمة إذا استثنينا شمال إفريقيا .

(*) كان تعدد الزوجات موجوداً قبل الإسلام ـ ولم تحدده اليهودية ولا المسيحية بأي عدد ـ وزوجات داود وسليمان أكثر عشرات المرات من زوجات محمد، ومع هذا لم نسمع أحداً في الغرب يتهم أياً منهما بأنه مهووس جنسياً، بل إن داود هو في نظر اليهود والمسيحيين على السواء الرجل الكامل .

وجاء الإسلام لأول مرة في تاريخ الديانات بتحديد عدد الزوجات. ولنأخذ ـ على سبيل المثال ـ من زوجات النبي:

=

بهذا أصبحت إدانة الإسلام جزءاً لا يتجزأ من العقلية الأوروبية.

شكلت الأفكار الزائفة المتفجرة السابقة الروح الصليبية الحربية عديمة التسامح، والتي وُلِدتَ منها أوروبا الحديثة.

٣ ـ ليس ما يهمنا اليوم طبيعة الحروب الصليبية كأول إعلان عن الإمبريالية الأوروبية، تدوس بقدمها كل مثاليات ومسلمات المسيحية[1].

ومع هذا، كان ذلك الميراث الانفعالي أقل سوءاً على المستقبل مما تلاه، فعندما تقابل الفرسان الصليبيون مع العرب البرابرة السارقين، فوجئوا بحضارة تفوق حضارتهم.

رجع كثير من الفرسان منزعجين مما رأوا وعاينوا في الأرض المقدسة: مستوى معيشة لا تعرفه أوروبا ذلك الوقت،

= ـ أم حبيبة: تزوجها النبي وهي في الحبشة التي هاجرت إليها مع زوجها المسلم هروباً من إيذاء قريش، فلما ارتد زوجها، تزوجها النبي ﷺ وهي في الحبشة، ولا يعلم متى ستعود.

ـ حفصة: تزوجها النبي بعد استشهاد زوجها وبعد أن عرضها عمر على أبي بكر وعثمان فلم يردها أيهما.

ـ جويرية بنت الحارث: قالت عائشة ـ أكثر زوجات النبي غيرة ـ لم أعرف امرأة أكثر خيراً على أهلها من جويرية بزواجها من النبي. ومعلوم زهد النبي ﷺ، وكيف كان يستأذن من عائشة ليتفرغ للعبادة.

(١) أمين معلوف «الحروب الصليبية من وجهة نظر العرب» باريس ١٩٨٣م.

معرفة القراءة والكتابة، علوم طبية مزدهرة، فروسية حقيقية وتسامح، جسدها صلاح الدين البطل الكردي.

كانت حضارة تماثل تلك التي ازدهرت في الأندلس تجعل الخصوم المسيحيين يخجلون من أنفسهم، كاشفة لهم أنه إذا كان هناك برابرة، فأولئك هم.

تلك التجارب في قاع ظاهره خوف أوروبا من الإسلام، ذلك القلق والتوتر الذي بلغ مداه في الحصار التركي لڤيينا (١٥٢٩م، ١٦٨٣م).

٤ ـ سيكون وهماً خطيراً أن نعتقد تلاشي الروح الصليبية.

على العكس، أصدر البابا بيوس الثاني في ١٤٦٣م بياناً صليبياً ضد العثمانيين بعد مرور عشر سنوات من دخول محمد الفاتح القسطنطينية.

كذلك لم تنته استعادة إسبانيا من المسلمين بالتخلص من اليهود والمسلمين عام ١٤٩٢م، فقد مد الأسبان نفوذهم على الشمال الغربي لإفريقيا، فأقاموا القواعد في الجزائر والمغرب، وما زالت سبتة ومليلة المغربيتان تحت احتلالهم.

حاول البرتغاليون التوسع نفسه على الساحل الأطلنطي للمغرب في القرن ١٦، وأنشؤوا قواعدهم في عزاليا، لاراش، الجديدة، صافي، الساويرا.

حاول ملك البرتغال الشاب سباستياو بجدية في ١٥٧٨م أن يُنَصِّر المغرب، ولكن خسارته لمعركة الملوك الثلاثة قرب القصر الكبير أنهت الحرب الصليبية بكارثة فقد حياته، وفقدت البرتغال المغرب لأسبانيا[1].

يُناسب المقال تماماً استعمار بريطانيا وفرنسا وإيطاليا وهولندا وروسيا خلال القرن ١٩ لكل العالم الإسلامي تقريباً.

تأسست في تونس البعثة التبشيرية «الآباء البيض» لتتصير بربر المغرب. وهل اختلف تصرف البريطانيين بفلسطين عما فعله الصليبيون عندما أقاموا مملكتهم في المنطقة؟

بعد هذه الخلفية لن يندهش أحد عندما يعلم أن الملك اليوناني كونستانتين في حربه مع الأتراك عام ١٩٢٢م خالف جيشه واقتفى أثر ريتشارد قلب الأسد في الحملة الصليبية الثالثة عام ١١٩٠م.

---

(١) چين برجنون «تاريخ المغرب» الدار البيضاء ١٩٦٧م.

وفي الحرب الصربية الحالية ضد المسلمين في البوسنة والهرسك رفع الصرب واليونانيون شعار الحرب الصليبية لاستئصال الدولة الإسلامية من أوروبا .

لا يُصدق ولكن حقيقي: عادت الحروب الدينية لخشبة المسرح العالمي[1]، وليست البوسنة آخرها، ولكنها أحدث الحروب الصليبية[2] ويسأل الناسُ أنفسهم ثانياً: الله في صف من ؟[3]

في الحقيقة، لم ينته عصر الحروب الصليبية في أي زمان .

اليوم، ليس البابا من يدعو للحملة ضد الإسلام، ولكنه قد يكون مجلس الأمن بالأمم المتحدة، يدعو للتدخل لإنقاذ دولة سقطت (مسلمة بالطبع) أو لفرض حظر سلاح على دولة مسلمة ضحية للعدوان .

نعم، إذا سبرت غور النفس الأوروبية، ولو بخدش سطحي صغير، لوجدت تحت الطبقة اللامعة الرقيقة عداء للإسلام ـ عقدة فيينا ـ التي يمكن استدعاؤها في أي وقت. وهذا ما حدث بالضبط في أوروبا خلال العشرين سنة الماضية .

---

(١) كارين أرمسترونج «الحرب المقدسة: الحروب الصليبية وأثرها على عالم اليوم» نيويورك ١٩٨٨م.
(٢) أكبر أحمد «آخر الحروب الصليبية»، آراب ريڤيو لندن ١٩٩٣م.
(٣) جيمس ومارت هيفلي «العرب، المسيحيون، اليهود: الله في صف من؟» هانيبال، أمريكا ١٩٩١م.

يعيش اليهود اليوم آمنين في أوروبا، ولا تلوح في الأفق أي مشاريع ضدهم. ولكن ماذا سيحدث عندما تثار العنصرية الكامنة ضد الساميين الآخرين: العرب؟

لا يكاد يمر يوم دون الاعتداء على جامع في مكان ما في أوروبا. أستكون هناك «ليل بلورية»[1]، هذه المرة بالتقسيط على دفعات، يقوم بها أصحاب ضمائر طيبة لينقذوا أرض آبائهم من الصراصير البشرية؟

آمل أن أكون مبالغاً في تقدير الخطر.

٥ ـ دعنا لا نلقي كل اللوم على طرف واحد، فلسوء الطالع اشترك العالم الإسلامي في تكوين الصورة السلبية وتلويثها. سواء أحببنا ذلك أم كرهناه بررناه أم لا، أصبح الإسلام في الغرب مشبوهاً بالتعصب، القسوة، عدم التسامح، العنف، الاستبداد والطغيان، خرق حقوق الإنسان، التخلف المرغوب.

ويا حسرتاه، فما أصعب أن تشير إلى بلد مسلم يُمارس الإسلام فيه كاملاً، ومستحيل تقريباً أن تعرض نموذجاً اقتصادياً إسلامياً فعالاً ليتقبله العالم.

____

(١) قصد النازي بهذا تدمير الممتلكات اليهودية في ألمانيا ٩ نوفمبر ١٩٣٨م.

كذلك لا فائدة من إنكار خجل العالم الإسلامي ـ ولمدة طويلة ـ من مناقشة جديدة بناءة ـ لا تبريرية ولا اعتذارية ـ لمبادئ حقوق الإنسان.

لكل تلك الأسباب، لا يمكن إنكار ظهور الإسلام المعاصر كمن يحارب الحداثة[1]. وكانت ملاحظة فيلفريد كانتفل سميث في محلها «خوف الغرب ومرارته من الشيوعية كانا نسبياً معتدلين ولفترة قصيرة بالمقارنة بقرون معاداة الإسلام[2]».

٦ ـ تظهر معاداة الإسلام حالياً في صور كثيرة، الاستبعاد، تطبيق معايير مزدوجة وأبرزها العدوان الإلحادي العنصري.

لنبدأ بالاستبعاد. سنة بعد سنة نجد كتباً دراسية في تاريخ الفلسفة، تشمل أكثر الكتب مبيعاً، مثل الكتاب الساذج (عالم الصوفية)[3]. ولا يجد المرء فعلياً تعريفاً مناسباً لفيلسوف مسلم. قد يُذكر ابن سينا وابن رشد، ولكن بأسمائهما اللاتينية Avicenna, Averroes ووسط علماء

---

(١) دافيدپريس ـ چونز « في حرب ضد الحداثة: تحدي الإسلام للغرب» لندن ١٩٩٢ .

(٢) ڤليفريد سميث« ما هو الكتاب المقدس؟» لندن ١٩٩٣ .

(٣) چوستين جاردنر. أوسلو ١٩٩١ .

اللاهوت والفلسفة الكاثوليك، وعادة ما يتم تجاهل الكندي، الرازي، والفارابي، الأشعري، مدرسة المعتزلة، الغزالي، السهروردي، ابن عربي.

وهذا بالرغم من الحقيقة التي لا يمكن إنكارها من قيام الفلاسفة المسلمين بحفظ وتطوير الفلسفة والعلم الإغريقي.

جزء من ظاهرة التجاهل هذه، الجهل الذي لا يغتفر بالإنجازات الحضارية الهائلة للمسلمين في الأندلس، من القرن الثامن إلى الخامس عشر[١].

لأُبَسِّط الأمر: جهل المرء بالإسلام وحضارته، لا يُعد في أمريكا أو أوروبا نقصاً في التعليم.

٧ ـ يكيل الغرب بمكيالين، وهذا ظاهر للعيان، لنأخذ الإعلام الغربي كمثال. إذا هاجم إرهابي ـ من خارج العالم الإسلامي ـ هدفاً، جاءت التقارير مقاتل أو محارب من الـ IRA، أو ETA، أو غير ذلك قام بـ .. ولن نسمع مطلقاً «متعصب كاثوليكي» أو «متعصب اشتراكي» حتى الهجوم بالغاز في مترو طوكيو

---

(١) سلمى جايوس «تراث إسبانيا المسلمة» لندن نيويورك ١٩٩٢م ص١١٠٦م، زيجريد هونكه «شمس العرب تسطع على الغرب» شتوتجارت ١٩٦٠م.

مـارس ١٩٩٥م، نُسب إلـى راديكاليين، أمـا إذا ألقـى شـخص من الشـرق الأوسط، أو الجـزائر قنبلـة غـاز، فـينسـب العـمل لمسلم متعصب، حتى لو كان ذلك العربي مسيحي أو بعثي ملحد(*) .

لنأخذ حالتي الشخصية مثالاً على ذلك هاجمت إحدى وسائل الإعلام الألمانية كتابي «الإسلام كبديل» قبل صدوره ١٩٩٢م، وشنت حملة كراهية ضدي مطالبة سحبي كسفير لألمانيا في المغرب، وذلك دون أن يقرؤوا الكتاب!

انهـالت الاتهـامـات عليّ بأني أدعـو لـتعـدد الزوجـات، وضـريهن ورجـمـهن، وقطع الأيدي والأرجل. (كـتـاب سلمـان رشدي ـ على الأقل ـ تمت قراءته قبل اتهامه بالتجديف)(**) .

يبدو أن وسائل الإعلام تشكو من قرون استشعار انتقائية، خاصة عندما تلصق بالإسلام القسوة والفظاعة كما لو كانت من مكوناته، وكمـا لو كان للإسلام ارتباط بالعنف أكثر من أي دين أو مـذهب. عندمـا ننسب أفعـال صدام حسين للإسلام،

(*) هل ساعد إعلامنا على ذلك؟
(**) التجديف = أي الكفر بنعمة الله .

فلمـاذا لا نـنسب جرائـم سـتـالين في الاتحـاد السـوڤييتي لأنه مسيحي أرثوذكسي، أو جرائم هتلر لأنه مسيحي كاثوليكي؟[*]

يتـرك الإعـلام الغربي شهـادات التعمـيد خارج اللعبـة، إلا إذا خصت المسلمين. لا يُحلل نشاطهم السـيـاسـي على أسـاس دوافعه السياسية، ولكن كنتيجة لديانة شريرة.

هل يريد أحد استثارة مقـارنة تحليليـة بين المسـيحيـة والإسـلام ليرى أيهما أهدر دماءً أكثر؟

٨ ـ لا حصـر الآن للتفـرقـة. يجـد المرء اليـوم في أوروبا الغربيـة مئـات الجوامع الصغيـرة، ولكن في الشـقق أو المباني الصنـاعيـة المهـجورة. وإذا أراد المسلمـون بناء جامعٍ مناسبٍ، بمنارة عاليـة، فتوقع معركة قانونية، سـواء كان ذلك في ليـون أو إسـين، وقد وجدوا ـ فجـأة ـ أن مدخنة مصنع أكثر جمالاً من منارة على الطراز التركي. بل يجادلهم أحدهم أن المسـاجد لا تناسب العمارة والمناظر الطبيعية في أوروبا.

(هل لذلك يتم تدميرها بانتظام ومثابرة في البوسنة؟).

____

[*] بل إن صـدام حسـين البعـثي، قـد وقف وراءه العـالـم كله شـرقـه وغـربه، مسلمه ومسيحيه عندما حارب إيران ما يزيد عن ثماني سنوات.

وفي النهاية، يضطر المسلمون للفصال على كل متر ترتفعه المنارة ـ وياله من سخف مضحك ـ فعليهم أن يَعِدُوا بأن تلك المنارة لن يستعملها المؤذن حتى لا يزعج السكان ويقطع عليهم السكون والهدوء. وبالطبع هنا مفارقة مع أجراس الكنائس التي يمكنها أن تدق في أي وقت، حتى في ساعات الصباح المبكرة.

قد يكون النداء للصلاة مقبولاً إذا استبدل بالآذان قول: بيم بام ـ بيم بام، كما اقترح الكاريكاتوري الهولندي؟

إذا أراد المجتمع اليهودي في أوروبا أن يذبح حيواناً طبقاً لتقاليده فبكل تأكيد لا غبار عليه في ذلك، ولكن إذا أراد المجتمع المسلم الكبير الشيء نفسه فبكل تأكيد تعوقه كثير من الحجج القانونية، وتتكر عليه حقه في الحصول على اللحم الحلال.

حتى في المجتمع العلمي، هناك معيار مزدوج. فمن الواضح ـ خصوصاً في الولايات المتحدة ـ في العقود الأخيرة وجوب توافق الأبحاث العلمية مع ما يُعد سليماً أو صحيحاً سياسياً.

فسوف يحطم البيولوجي مستقبله إذا جرؤ على تحدي نظرية دارون، تماماً كما يحطم العالم السياسي مستقبله فجأة، إذا جرؤ على انتقاد الافتراضات الأساسية للانحياز الأمريكي لإسرائيل.

لا يُطلق على هؤلاء السياسيين «السُّلَمَاء» أو «أصحاب المواقف الصحيحة» أصوليون، أو أنهم أعداء التقدم، لأنهم بنوا مواقفهم على افتراضات فوق النقد والبحث. ومن الناحية الأخرى، إذا انطلق أحد المسلمين من افتراض أن بعض القيم القرآنية صالحة لكل زمان، لم يأخذه أحد على محمل الجد.

٩ ـ يشعر المسلمون بالمرارة والسخرية عندما يجدون معياراً مزدوجاً في سياسة الغرب والأمم المتحدة، فيقولون باستهزاء على القانون الدولي: إنه أشقر وعيونه زرقاء. لنأخذ مثلاً نظاماً عسكرياً أحبط وصول أصوليين مسيحيين للسلطة بعد أن فازوا في الانتخابات، ليكن ذلك في هاييتي مثلاً. ستتحد الدول ضد ذلك الدكتاتور وتتدخل لصالح الحكومة المنتخبة ديمقراطياً. إلا.. إلا إذا كان الفائز بالانتخابات حزب أصولي إسلامي ـ في الجزائر مثلاً ـ سيكون للمجلس السياسي في هذه الحالة فرصة طيبة ليحظى بالتسامح. عما يفعله من شر صغير، فالشر الكبير هو الإسلام في أي صورة.

لنأخذ مثلاً آخراً، دولة احتلت دولة مجاورة بالقوة العسكرية، وشرعت في ضمها إليها، الكويت مثلاً. يتدخل في هذه الحالة كل من الأمم المتحدة، الناتو، وأمريكا، وبقوات هائلة لتحرير البلد المحتل، وسوف تُرسم حدوده تحت تأثير عمليات مقاطعة وحصار دولي على العراق إلا .. إلا إذا كانت الدولة المحتلة البوسنة والهرسك، عديمة البترول، أو كانت الدولة المعتدية إسرائيل، على فلسطين أو سوريا أو لبنان.

خذ مثلاً آخراً، الاحتلال التركي المؤقت لشمال العراق في مارس ١٩٩٥م لضرب قواعد الحزب الكردي الشيوعي الانفصالي. لم يتمكن العراق من منع هجمات الحزب الكردي على تركيا، لأنه محظور عليه ممارسة سيادته على تلك المنطقة. فأصبح التدخل العسكري التركي له مبرراته القانونية، بل هو بذلك قضية من قضايا الناتو. ولكن انتقدت تركيا بشدة على ذلك الاحتلال المؤقت، ومن شخصيات لم ولن تنقد إسرائيل مطلقاً على احتلالها الدائم لجنوب لبنان تحت دوافع تركيا نفسها. ولكن تركيا بلد مسلم.

١٠ ـ يُرجع البعض الآن الوسواس الأوروبي ضد قيام حكومات إسلامية، للخوف من أنها لن تتوافق مع الحكومات

العلمانية في الغرب. وفي هذا خداع واضح، فالحكومات الغربية جمهوريات ديمقراطية مسيحية، وذلك بالقانون، عدا فرنسا، كما لاحظها الطهطاوي من ١٨٢٥م ـ ١٨٣١م[1].

في ألمانيا مثلاً، الله مُعتبر في الدستور. الأحد إجازة رسمية، كذلك الأعياد المسيحية. يتوجه كل من المستشار والرئيس بكلمة للشعب في الكريسماس. تعلم المدارس الحكومية الديانة المسيحية بواسطة مدرسين تدفع الدولة مرتباتهم.

يُقسم الجنود بالله على ولائهم للجمهورية والدفاع عنها. تجمع الإدارة المالية بالحكومة «ضريبة الكنيسة» للإنفاق على الديانة المسيحية المعترف بها: الكاثوليكية، اللوثرية، الإصلاحية، وعلى اليهودية. للكنائس الحق في قرع أجراسها، التجديف جريمة يُعاقب عليها في قانون العقوبات، أشار الأساقفة الكاثوليك ـ رمزاً ـ باجتناب التصويت لبعض الأحزاب.

والحال مشابه لذلك في البلدان الأوروبية الأخرى، وفي أمريكا، أما في فرنسا فالعلمانية تؤخذ على أنها دين.

---

(١) رفاعة الطهطاوي «تخليص الإبريز في تلخيص باريز» القاهرة ١٨٣٣ .

تحتمل الحكومة الإسلامية علمانية مثل ذلك. فيمكنها أن تفصل بين السلطات الثلاث عضوياً، وتربطهم ببعض ديناميكيا[1].

بعد هذه الحقائق، يكون نفاقاً صريحاً رفض الحكومة الإسلامية لأنها ليست علمانية.

١١ ـ أدى طول اتباع الغرب لسياسة المعايير المزدوجة لنتائج فاجعة. فقد اقتنع كثير من العرب أن الغرب لا يريد لهم الديمقراطية، حتى لا تأتي لهم بحكومات أصولية.

يتفق مع هذا الخط أن إرهابياً سابقاً مثل مناحم بيجين يمكن قبوله كسياسي ديمقراطي، إلا .. إلا .. إذا كان هذا الإرهابي السابق مسلماً وحسب أو مسلماً أصولياً فقط وليس إرهابياً مثل عباس مدني.

لن يحظى مثل هؤلاء حتى بفائدة الشك في اعتبار ديمقراطيتهم.

لن يُطلق لقب «أصولي» على أمثال منظمة أوپوس داي الكاثوليكية، أو الأسقف الفرنسي الراحل ليفبڤر،

____

(١) أحمد النيفار «الإسلاميون» ما شاء الله، ١٥ ـ ٢١ رقم ٧، تونس ١٩٨٤م.

أو الإسرائيليين المتعصبين، أو طائفة مائير كاهان في نيويورك، أو الإرهابيين الكاثوليك أو البروتستانت في أيرلندا الشمالية، أو لاهوتي التحرير الكاثوليكي العسكري في أمريكا الجنوبية.

لا لن يُطلق عليهم ذلك اللقب الازدرائي، فهو محجوز للحط من قدر المسلمين فقط.

أكثر خطورة من ذلك، ما استنتجه كثير من المسلمين مما يفعله الغرب في البوسنة عن أن يتسامح عن وجود دولة إسلامية على الأرض الأوروبية.

دعونا لا نخدع أنفسنا، والتحامل الغربي ضد الإسلام والحط من شأنه وصلا لدرجة يمكن أن تحول الخوف وعقدة التفوق إلى عنف عدائي للإسلام، كما حدث في ١٨ مارس ١٩٩٥م عندما تم إلقاء زجاجة مولوتوف على جامع المركز الإسلامي في ميونيخ.

سادساً: كيف يمكن خدمة الإسلام وتجنب الكارثة في الوقت نفسه؟

١ ـ يتضح من الفصول السابقة اتجاه العالم الغربي والعالم الإسلامي، شمال وجنوب البحر المتوسط لصراع عنيف يحمل نتائج فاجعة للطرفين، وبخاصة للمجتمعات الإسلامية في أمريكا وأوروبا.

وهذا هو الوقت المناسب لنتساءل: ماذا يمكن فعله على الجانبين للقضاء على ذلك التهديد؟

٢ ـ الحمد لله، تنبه بعض الناس الحساسين في الغرب للحالة، وقد حثوا على اتخاذ خطوات تحد من هذا الخطر، منذ أول هجوم على عائلات العمال الأتراك بواسطة شباب النازي الجديد في ألمانيا.

هناك الآن عدة مبادرات على مستوى القاعدة العريضة تهدف إلى التوفيق بين الألمان والعمال والطلبة الأجانب من العالم الثالث. للتعاطف مع العالم الثالث، وللافتنان بما هو غريب دور محدود في ذلك، ولكن يجب أن نقدر أي مجهود لإيقاف المد الجديد للشوفينية القومية أو الثقافية.

كذلك يوجه البابا والإكليروس الأعلى البروتستانتي رسالات تحية للمسلمين في نهاية رمضان مع رد المسلمين تلك التحية.

عندما احتفل المركز الإسلامي بميونيخ بمرور ٢٥ سنة على إنشائه، قال أحد كبار الأساقفة البروتستانت إنه يشعر كأنه في بيته بين المسلمين، لأنه معهم يستطيع التحدث عن الله بدون إحراج، الأمر الذي لا يضمنه مع البروتستانت.

ولكن بناء جسور متينة بين الشمال والجنوب الإسلامي يحتاج إلى جهود كبيرة لتزيل التحامل الراسخ ضد الإسلام، بدءاً من مستوى المدارس الثانوية. وفي هذا الخصوص، قام البروفيسور الإيراني عبدالجواد الفلاتوري من الأكاديمية الإسلامية للعلوم في كولن، مع زميله الألماني أودوتورشكا بعمل تقدمي هائل، فقد قاما بتحليل ما جاء عن الإسلام في مئات الكتب الدراسية الألمانية، في الكاثوليكية والبروتستانتية، في التاريخ والجغرافيا، وحددوا التشويهات الكبرى [1] مع اقتراح التصحيحات اللازمة[2]. وفي الوقت نفسه، قاموا بالفحص نفسه للكتب المدرسية في الدنمارك، فنلندا، هولندا وإيطاليا.

---

(١) فلاتورى «تحليل الكتب الكاثوليكية عن الإسلام» براونشفيج، ١٩٨٨م.
(٢) فلاتوري / تورشكا «الإسلام في التعليم» براونشفيج، ١٩٩١م.

تخدم اللقاءات بين المسيحيين والمسلمين التي نظمها روجيه جارودي في قرطبة ـ والتي دعمها بحرارة شخصيات مثل البروفيسور هانز كنج ـ الغرض نفسه، ولكنها غير كافية في المنظور الكامل للمشكلة.

٣ ـ يجب على المسلمين أيضاً القيام بجهد رئيسي للمساعدة في نزع فتيل الموقف المتفجر، وسوف أشير إلى مجالات ذلك.

وليكن واضحاً من مطلع الأمر أني لا أدعو إلى أي تنازل أو تجاوز قد يمس أساسيات الإسلام في القرآن والسنة الصحيحة. فليس الهدف تحويل الإسلام ليناسب الحداثة، ولكن تجديده ـ حسبما ترمي أصوله ومنهاجه ـ ليناسب العصر، وحتى يقر بذلك أكثر الغربيين نشوزاً.

الجميل في هذا المسعى، أنه سيخدم السلام على أنه في الوقت نفسه الذي سيهيئ أعظم الفرص ليصبح الإسلام ديانة العالم الأولى في القرن ٢١.

٤ ـ أقترح وجود الإصلاح في المجالات الآتية:

* التعليم والتكنولوجيا.

* فك قيود المرأة.

* حقوق الإنسان.

* نظرية الدولة والاقتصاد.

* السحر والخرافات.

* الاتصالات.

ويقوم ذلك على التمييز الواضح بين:

* الإسلام كديانة والإسلام كحضارة.

* السنة الصحيحة من غيرها.

* الشريعة والفقة(*).

* القرآن والسنة.

٥ ـ أعطي التعليم والتكنولوجيا أهمية كبرى، فالكل يعرف حاجة الأمة الشديدة لهما للتحرر من التبعية للقوى الخارجية وثقافاتها(١).. مستقبلنا يُصنع في هذه المجالات.

____

(*) يقصد المؤلف ما شرعه الله، وما فهمه الفقهاء، وغني عن القول تعرضهم للخطأ وسوء الفهم، والشرع واجب اتباعه لذاته، أما قول الفقهاء فاتباعه اتباعهم ما داموا متبعين للشرع ـ وأضيف: إن الفقه اجتهاد. والرجوع إليه واجب للاستئناس فقط ويمكن للمجتهد الذي اجتمعت فيه مؤهلات الاجتهاد، أن يجتهد هو الآخر، فأقوال الفقهاء غير ملزمة: فهم رجال ونحن رجال.

(١) عبدالحميد أبو سليمان «الأزمة في العقل المسلم» معهد الفكر الإسلامي، هرندون ١٩٩٣م.

كـانت البـلاد الإسـلامـيـة في وقت من الأوقـات جلهـا يقـرأ ويكتب(*)، واليوم تزيد الأمية في كثير من البلاد الإسلامية عن ٥٠٪(**)، وهذه فضيحة لأمة تتصدر كتابها كلمة: اقرأ، وليس فضيحة فقط، بل ضد تعاليم الإسلام(***).

أشك ألا تكون هناك عـلاقـة بين تلك الأمـيـة والفكرة الزائفة بالاكتفاء بالعلوم الشرعية. إننا ـ كشعوب ـ عندنا أمية (أبجدية) وأمـية دينيـة كذلك إنه جهل بما يجب العلم به ويجب حشـد الجهود، ـ بل ـ يجب إعلان التعبئة العامة للتخلص منهما قلت: يجب إعلان التعبئة العامة: وليكن شعارنا: القرآن! القرآن!

حفظ القرآن من الأعمـال الرائعة التى تمارس بكل حيوية، وبازدياد بين مختلف الأعمار.

وبفضل هذه السنة، صمـد الإسلام سليماً معافى بعد قرون من القمـع الوحشي، كمـا في ألبانيا، والصين، والاتحاد السوفيتي، وإسبانيا الكاثوليكية.

(*) حوت مكتبة دار الحكمة في القاهرة منذ حوالي ألف عام أكثر من مليون كتاب!

(**) حوالي الـ ٦٠ ٪ في مصر.

(***) «طلب العلم فريضة على كل مسلم» رواه ابن ماجة. «فضل العالم على العـابد كفـضل القـمـر ليلة البـدر على سـائر الكواكب». رواه أبو داود والترمذي وابن ماجة.

«العلماء ورثة الأنبياء» رواه أبو داود والترمذي وابن ماجة.

ولكن حـفظ المقـررات الدراسـيـة ـ دون فـهـم ـ لا ينفع الإدراك والتمييز.

حـتى ينجح التـعـليم، عـلى الأسـاتذة أن يقللوا الاعـتـمـاد الزائد لـطلبـتـهم عليـهم، كـمـا أن عليـهم أن يـحرروا طلبتـهم ويسـاعـدوهم على صـقل شخصيـاتهم ومعـارفـهم وأفكارهم والزيادة بالاعتمـاد على أنفسهم، وأن يبذروا فيهم روح التسـاؤل والشك وطلب المعرفة واليقين، وهذا أسـاس كل العلوم والتقدم.

ومـا الفـائدة مـن الإعـادة والزيادة في نقل المقـالات القديمة المطولة دون إضافة فكرة واحدة أصلية جديدة[١].

هذه المناشـدة أيضـاً لخطبـاء المسـاجـد، فـانطبـاعـي الشخصي، أنهم يخـاطبـون عـواطف وانفعـالات المرء أكـثر من عقله. أشعر بعض الأحيان كما لو كان الإمام يدعو لمعركة حياة أو موت وشيكة الوقوع، بدلاً من أن يبسط حججه إزاء مسـألة مـا؛ يجب على خطباء المسـاجـد أن يتـوقـفوا عن الصـريخ في المصلين كما لو كانوا أطفالاً [*].

___

(١) أحب أن أطلق على هذا حالة الجلا.. جلا.

(*) أو صـمـاً أو أعداءً. وجـاء في الحديث النبوي «مـن مئنة (علامة) فقـه الرجل أن يُقصر الخطبة ويُطيل الصلاة».

يعرف علماء النفس وعلماء البلاغة جيداً أنه كلما علت النبرة وارتفع الصوت، فقدت الرسالة مصداقيتها عند السامعين (*).

فإذا كان القرآن يخاطب الناس الذين يعلمون والذين يعقلون والذين يتفكرون والذين يتدبرون، أفلا يجدر بالعلماء أن يحذوا حذوه؟

يقال دائماً: إنه ليس لفقهاء الإسلام منزلة كهنوتية كتلك التي لعلماء اللاهوت المسيحيين. ولكن غدراً للمخالفة، فقد طور العلماء منظومة لمعرفة الحديث.

حقيقي أنه من الناحية النظرية يستطيع كل مؤمن معرفة الحديث وعلومه، ولكن في الواقع لا يستطيع ذلك سوى العلماء، لما لهم من خبرة ووقت. قد يفسر هذا اتجاه بعض العلماء لإعطاء المرجعية نفسها للقرآن والسنة(**)، أو ـ ويا له من انحراف ـ تحكم السنة بالقرآن.

(*) يجب التفرقة بين رجال السياسة ـ ورجال العلم، فالأولون يعتمدون في خطبهم إلى التهييج والإثارة، وبعكس هذا رجال العلم، وانظر في ذلك: كتابي: محمد فريد وجدي. فصل بعنوان بين وجدي ومصطفى كامل ص٦٤ وما بعدها.

(**) هذه مسألة واسعة التفصيل، ولا يسعنا هنا إلاّ أن نلخصها كما يلي: السنة هنا ـ كمصطلح أصولي ـ تعني مصدراً للشرع، وهي أقوال=

كان التعليم الإسلامي دائماً واسعاً غزيراً في مجال الأدب، وحتى اليوم. حظيت كل العلوم اللازمة لفهم القرآن وتأويله باهتمام رفيع، عاب هذا إغفال العلوم الطبيعية، التي نحن في أشد الحاجة إليها اليوم. لم يكن الأمر كذلك أيام الدولة الأموية أو العباسية أو الأندليسية، كان على من ينشد العلم أن يجيد الطب، الرياضيات، الكيمياء، علم النبات، وبعض الفلك.

اليوم، تعرف أنك في بلد مسلم عندما تجد دورة المياة معطلة!

بل قد تجد عند بعض المسلمين حساسية ضد التكنولوجيا، وضعت مريم جميلة إطاراً نظرياً لهذه الفكرة،

= وأفعال وتقريرات النبيﷺ في مجال تبليغ الدعوة ـ وهذا جزء من عموم أقواله وأفعاله وتقريراته، وينقسم أيضاً هذا الجزء إلى جزأين رئيسيين أولهما ما كان عن طريق الوحي، وهو بهذا له مرجعية كالقرآن، ومنها ما جاء باجتهاد الرسول الشخصي، وهو أقل مرجعية مما جاء به الوحي، لذلك أجمع علماء الأصول على عصمة الرسول فيما يبلغه عن ربه.

يبقى بعد ذلك اختلاف من وجه آخر بين مرجعية القرآن والسنة، وهو النقل الصحيح، أو قطعية الثبوت من ظنية الثبوت. فالقرآن قطعي الثبوت، لا يشك مسلم في صحة نقله من جبريل إلى النبيﷺ إلى المسلمين، أما السنة، فمنها ما هو قطعي الثبوت ـ الأحاديث المتواترة، وقد يُضاف إليها الأحاديث المشهورة، ومنها ما هو ظني الثبوت، وهذا يحتمل الصحة والحسن والضعف، وهذا باب فيه خلاف بين علماء الحديث وعلماء الفقه، وبين بعضهم بعضاً.

ويرى العلماء أن السنة تفسر القرآن، كما فسرت السنة الصلاة والزكاة والحج، وتُخصص العام كما في تحريم الجمع بين المرأة وعمتها أو خالتها برغم دخولهما في عموم الآية ٢٤ من سورة النساء ﴿وَأُحِلَّ لَكُم مَّا وَرَاءَ ذَلِكُمْ﴾، وكما في منع ميراث قاتل العمد، وكما في وجوب قراءة الفاتحة في الصلاة رغم عموم الآية القرآنية ﴿فَاقْرَءُوا مَا تَيَسَّرَ مِنَ القُرْآنِ﴾.

وقد نوهت بمثابرة وإصرار أن التكنولوجيا ليست محايدة (الأمر الصحيح) ـ وأكملت: «لا يوجد فرق بين الحداثة والتغريب، فلا يمكن فصلهما. فإذا كانت المادية جوهر الحداثة، تدعو إلى الاستبعاد الكامل لما لا يُرى، فمن المدهش تقديمها على أنها متوافقة مع الإسلام[١]».

أستسمحكم في الاختلاف، وأنا أكتب هذا الكتيب الإسلامي على كمبيوتر آبل ماكنتوش. كان العالم الإسلامي في الأندلس عالماً تكنولوجياً. عندما انتقلت إلى الغرب، ـ طواحين الهواء على سبيل المثال ـ هل تغيرت مواصفاتها؟ حث القرآن على استخدام الفكر، يشمل ذلك كل مجالات إعمال الفكر في شتى أنواع المعرفة. ولا أعتقد أن يستطيع أحد ـ ظاهرياً ـ أن يُعَمِّد أو يؤسلم المعرفة. لن يكون مدمراً أن يستخدم التكنولوجيا مسلم مخلص مجتهد[*].

إذا لم نجرؤ على مس ما يُسمى التكنولوجيا الغربية، فكيف نجرؤ على أن نعرض أطفالنا لتعليم ديني في عالم تعددي؟ لا، لا يمكننا ـ ولا يجب علينا ـ الاختباء.

---

(١) مريم جميلة ـ نشرة كتاب العالم المسلم ٦ : ٣ ليستر ١٩٨٦م.

(*) أعتقد أن الخلاف في تعريف مصطلح الحداثة، وعلاقتها بالتكنولوجيا، ولا مشاحة في الاصطلاح.

أتفق مع جميل قريشي: «إذا كان لأركان الإسلام الخمسة أساسٌ قويٌّ في قلوب المسلمين وحياتهم اليومية، فسوف يحميهم الحس والمناعة الإسلاميان من أضرار الثقافة الغربية».

إذا لم يكن ذلك كذلك، فعلينا ـ كما قال بعضهم ـ: «أن نوقف العالم ونحاول الخروج منه»، أو أن نعتزل العالم لنعيش فيما يشبه المتاحف الطبيعية.

ويحق على العالم الإسلامي اليوم أن يخجل من قلة العلماء المؤهلين لإقامة حوار مع الغرب.

هناك الآن حركة إصلاحية في التعليم والعلوم والتكنولوجيا، لأسلمة المعرفة. وياحسرتاه فإني أعتبر بعضاً من هذا العمل في الاتجاه الخاطئ، بالقدر نفسه الذي لا تحمل العلوم الحقيقية أي صبغة إيديولوجية. أعرف أنه في الحياة العلمية، أصبحت العلوم عرضة ـ بين الحين والآخر ـ إلى افتراضات ذات صبغة إيديولوجية، ولكن لا يعني هذا أن على المسلمين اتباع ذلك.

تعرضت في طفولتي أيام ألمانيا النازية لمثل ذلك. حاول الإيديولوجيون التمييز بين «رياضة يهودية» و«رياضة آرية» ... وهذا سخف!

حـدسي أن هنـاك طريقـة واحـدة ـ بسـيطة ـ لأسلمـة المعرفة: أي إيجاد علماء مسلمين.

٦ ـ لا يوجد ما يضر بفرص الدعوة الإسلامية مثل قناعة الغرب أن النسـاء في الإسلام مواطنـات من الدرجـة الثانيـة، مهمشات، مقموعات، محنطات أو مدفونات بالحياة.

والمشكلة أن هذه القناعـة ليست دون أسـاس، لأن المرأة المسلمة في أنحاء كثيرة من البلاد الإسلامية ما زالت محرومة من حقوقها القرآنية. وبكلمات أخرى:

ما زال كثيرات من المسلمات يعشن ممارسات الجاهلية الأولى.

لم يعد تعدد الزوجات ـ بعد انتهاء نظام الحريم المريع ـ مشكلة بقدر ما يُسبب ختان (خفض) البنات، تلك العادة الملحقـة بالإسلام عن طـريق الخطـأ، أو فكرة تفوق الرجال.

لعلاج كل ما سبق، علينا إقناع أكثر الأوروبيين والأمريكيين بأن المرأة تتمتع في الإسلام بنفس وضع الرجل، نفس الحقوق والواجبـات والغـايات: نفس الكرامـة، نفس الروحانيـة، نفس الطبيعة الإنسانية.

إنه من الواجب المطلق ـ وهو ممكن ـ إزالة سـوء الفـهم عن وضع المرأة في الإسلام، وإلا فلا أمل لنجاح الدعوة في الغرب.

يمكن بسهولة حقاً الإشارة إلى الآية الثالثة والآية ١٢٩ من سورة النساء اللتين بينتا كيف يراجع المسلم نفسه قبل أن يقدم على التعدد [١].

سيكون أصعب من ذلك ـ بل ومن المستحيل مدة ما ـ إقناع الغرب بوجهة النظر الإسلامة: **خُلق الرجال والنساء ليقوما بأدوار مختلفة ـ متماثلة الكرامة ـ بقدر درجة اختلافهما، ولكنها مكملة لبعضها.**

وجهة النظر الإسلامية تختلف عن المفهوم الزائف لأفضلية الرجال عن النساء، نتيجة الفهم الخاطئ لقوامة الرجال على النساء ﴿الرِّجَالُ قَوَّامُونَ عَلَى النِّسَاءِ﴾ [النساء: ٣٤].

وأكثر ترجمات القرآن تبنت تلك الفكرة: م. سافاري ـ باريس، لازاروس جولد شميدت ـ برلين، ماكس هنينج ـ

---

(١) الآية الثالثة من سورة النساء: ﴿وَإِنْ خِفْتُمْ أَلاَّ تُقْسِطُوا فِي الْيَتَامَى فَانكِحُوا مَا طَابَ لَكُم مِّنَ النِّسَاءِ مَثْنَى وَثُلاَثَ وَرُبَاعَ فَإِنْ خِفْتُمْ أَلاَّ تَعْدِلُوا فَوَاحِدَةً أَوْ مَا مَلَكَتْ أَيْمَانُكُمْ ذَلِكَ أَدْنَى أَلاَّ تَعُولُوا﴾.

(٢) الآية ١٢٩ من سورة النساء: ﴿وَلَن تَسْتَطِيعُوا أَن تَعْدِلُوا بَيْنَ النِّسَاءِ وَلَوْ حَرَصْتُمْ فَلا تَمِيلُوا كُلَّ الْمَيْلِ فَتَذَرُوهَا كَالْمُعَلَّقَةِ وَإِن تُصْلِحُوا وَتَتَّقُوا فَإِنَّ اللَّهَ كَانَ غَفُورًا رَّحِيمًا﴾.

شتوتجارت، بسل وتيجاني ـ باريس، رودي باريت ـ شتوتجارت: الرجال متفوقون على النساء أو أعلى منهن.

محمد حميد الله ـ ماريلاند، يرى الرجال موجهين للنساء. بينما عند حمزة بوباكير ـ باريس، دنيس ماسون ـ بيروت، واللجنة السعودية لترجمة القرآن: للرجال سلطة على النساء. ويقول صادوق مازيغ ـ باريس: للرجال حق الإشراف على النساء.

تعكس كل تلك الترجمات ممارسات المسلمين، ففي مناطق كثيرة مما يُطلق عليه «دار الإسلام»، يُحرم المجتمع من الاستفادة الكاملة بنصف طاقاته.

ولكن الآية ٣٤ سورة النساء لا تحتاج لمثل ذلك الفهم!

فيمكن أن نفهم منها «يقوم الرجل بالعناية بأمور النساء» ـ محمد أسد[1] «أو أن على الرجال إعالة النساء» ـ تي بي

---

(١) محمد أسد «رسالة القرآن» جبل طارق ١٩٨٠م وانظر أيضاً: فتحي عثمان «النساء المسلمات» لوس أنجليس، ص ٤٧، ٤٨ .

إرفنج[1]، أو أن «الرجال حماة وكفلاء النساء» يوسف علي[2]، وجاك بيرك[3]، وعادل خوري[4].

وفي اللغة الألمانية كلمتان جديرتان بترجمة القوامة[5] ومنهما Vorstehen, einstehen: **على الرجال حماية النساء إذا كن يحتجن الحماية ويرغبنها.**

يبدو لي أن الدور الذي لعبه الفهم الخاطئ للآية ٣٤ سورة النساء[*] يمثل نموذجاً لكيفية **تحوير فهم القرآن ليطابق مواقف أو ممارسات ما قبل الإسلام.**

آن الآوان للطريقة الأخرى، تحوير ممارسات الرجال لتطابق القرآن.

٧ ـ أفهم تماماً لماذا أشاح الفقهاء عن مناقشة حقوق الإنسان، كما لو كان الموضوع سيختفي من نفسه بدلاً من أن تزداد أهميته في العلاقات الدولية.

---

(١) «القرآن» بارتلبورو، ڤيرمونت ١٩٨٥م.
(٢) «القرآن المقدس» الطبعة السابقة برنتورد ماريلاتد ١٩٨٣م.
(٣) جاك بيرك «القرآن» باريس ١٩٩٠م.
(٤) عادل خوري «القرآن» جوترسلو ١٩٨٧م.
(٥) «ترجمة معاني القرآن للألمانية» محمد أحمد رسول، الطبعة الرابعة كولن ١٩٩١ .
(*) يمكن فهم القوامة على أنها «القيام بشؤون». فقد جاء في القرآن ﴿الحي القيوم﴾ وفي الدعاء: «يا قيوم السماوات والأرض» ولا يقول أحد أن معناها الله أفضل من السماوات والأرض.

إن مفهوم حقوق الإنسان في القرآن والفقه الإسلامي يحتاج إلى بحثٍ يبرزه ليستبين للعموم. لم تنظم أبحاث الفقه طبقاً للقواعد القانونية التي تقوم على مراعاة الطبقية، أي بحسب مراتب الأعلى والأدنى، وإنما عاملت الناس كسواسية أما القانون تبعاً لذلك: يمكن استخدام حقوق الإنسان كسلاح ضد العالم الإسلامي[1].

وفي الحقيقة «الكلام عن حقوق الإنسان هو كلام ترك للقوى العظمى»[2]. وذلك لا يقلل من شأن مصداقية المسلمين لغيابهم عن حديث حقوق الإنسان. هذا يعني تركنا الآخرين يقررون لنا ما هو أخلاقي وغير أخلاقي.

وياله من مثال نموذجي يبين كيف يضر الإسلام نقص التفكير الخلاق عند المسلمين اليوم: إذا كانت حقوق الإنسان بصيغتها الحالية لا تظهر في الكتاب المقدس ولا تظهر جلية القرآن، إلا أنه يسهل نسبياً إثبات أن كل حقوق الإنسان التقليدية، حماها القرآن قبل أي مجهود غربي بألف سنة.

---

(١) أنور حاتم «الإسلام وحقوق الإنسان». الجمعية السويسرية العربية ١٩٧٤م ص١٥.

(٢) بارفيز منصور «حقوق الإنسان: سمو علماني أو إمبريالية ثقافية» نشرة كتاب العالم المسلم ١٥ ١:، ليستر ١٩٩٤م.

ليس في صورة «حقوق طبيعية» للأفراد، ولكن كانعكاس للأوامر الإلهية بحماية وتكريم الإنسان، والحياة، والحرية الشخصية، والمودة، والممتلكات الشخصية... إلخ[١].

حقيقة، إن فكرة حقوق الإنسان المشتقة من القانون أو المتفق عليها، مختلفة عن الإسلام. فعند المسلمين، تنشأ حماية الممتلكات والحريات الفردية من التطبيق الصحيح للشريعة الإسلامية[*]. ولكن ما يُحسب في حوار الثقافات هو النتائج الفعلية وليس النظرية.

فيمكن لذلك تقديم الإسلام كنظام شامل لحقوق الإنسان.

ولكن يحدث هذا بصورة متواضعة جداً، ومتأخرة جداً[٢] وتبعاً لذلك، فالعالم كله الآن تحت انطباع أن حقوق الإنسان بدأت مع الماجناكــارتا الإنجليـــزي (١٢١٥م)، وقـــانون (١٦٧٩م)[**]، ووثيقة الحقوق (١٦٨٩م).

---

(١) أبو الأعلى المودودي «حقوق الإنسان في الإسلام» الطبعة الثانية، ليستر ١٩٨٠ ص ١٧ ـ ٣٤ .

(*) اتفق علماء الأصول منذ حوالي ألف سنة أن المقاصد الرئيسية للشريعة حماية كل من : الدين ـ النفس ـ العقل ـ المال ـ النسل. أضف لذلك آية الشورى، ثم القاعدة الفقهية التي أبرزها قول أحمد بن حنبل «لا تحريم إلا بنص»: أصل الأشياء الإباحة حتى يرد نص.

(٢) انظر «إعلان حقوق الإنسان» الصادر ٥ أغسطس ١٩٩٠م من القاهرة، والصادر ١٩ سبتمبر ١٩٨١م من المجلس الإسلامي الأوروبي لندن.

(**) قانون يقضي بحق المعتقل في المثول أمام قاض للنظر في أمره.

ساهمت تلك الوثائق بفعالية في صياغة حقوق الإنسان في إعلان الاستقلال الأمريكي (١٧٧٦م)، وإعلان حقوق الإنسان الفرنسي (١٧٨٩م).

بهذه النصوص، وإعلان الأمم المتحدة لحقوق الإنسان (١٩٤٨م)، وميثاقي ١٩٦٦م الدوليين، فاز الغرب بسمعة حماية حقوق الإنسان كاملة. (كما نعلم جميعاً، للمواثيق السابقة تأثير ضعيف جداً ـ إن كان هناك أي تأثير ـ على النظم الاستبدادية).

يجب ألا ينساق المسلمون وراء كل صيحة في الغرب، مثل: «الحق في الخوف» أو «الحق في الغيب» أي حق تعاطي المخدرات المُغَيِّبة، ولكن على المتخصصين أن يبدؤوا في إضافة فصول من حقوق الإنسان في الكتب[1] ويجب ـ على الأقل ـ أن

---

(١) لي دراسات أعتز بها عن فرنسا وثورتها الكبرى والتطورات الدستورية في انجلترا، بل وإشارات إلى الدستور الأمريكي هذه كلها لم يمض عليها سوى قرنين من الزمان. والقرآن والسنة، أمرا بالشورى وفي تطبيق الشورى، لنا، بل علينا أن نطبق النظام الأمثل (الدستور، المجالس النيابية.. إلى آخره) ولو بالنقل عن غيرنا. وفي الحرية عامة نتذكر قول عمر بن الخطاب لعمرو بن العاص «كيف تستعبدون الناس وقد ولدتهم أمهاتهم أحراراً» ونحن عند التطبيق، ودائماً «أطهر منهم في الغرب». سلطان المال والإعلام اللذان جعلا من أقلية يهودية قوة تحكم الولايات المتحدة الأمريكية. إن آفاتنا في تخلفنا وفي حكامنا، وسينقذنا ـ والعالم كله ـ الإسلام! ـ انظر كتابي (الإسلام وحقوق الإنسان ـ دراسة مقارنة ـ) طبعة ثانية في أكثر من ٦٠٠ صفحة، وفيه فصل عن الشورى، وهي في الإسلام ملزمة للحكام.

نبرز أن القوانين الإلهية تحمي الأفراد أفضل ـ مبدئياً على الأقل ـ من قوانين البرلمانات [*]. لا يمكن التلاعب بقوانين إلهية، مهما أجمع الناس.

أفضل من ذلك: نحن في وضع يسمح لنا أن نبرهن على تغطية إعلانات حقوق الإنسان الإسلامية بطريقة مرضية، إلا تفريق الشريعة بين المسلم وغير المسلم في الميراث والزواج. نتج هذا من مفهوم اعتبار المسلمين أمة واحدة، وكما لو كانت لهم جنسية واحدة تخول لهم حقوقاً يفقدها من يترك الجنسية. لي في الكتاب السابق فصل عن «الأحزاب» يرجع إليه، ولي كذلك كتاب أعتز به بعنوان «غير المسلمين في الدولة الإسلامية».

يرفض التفكير الأوروبي أي حقوق تترتب ـ أو تضيع ـ بسبب اعتناق ديانة[**].

(*) ويُمكن لقوانين البرلمانات أن تُبنى على القوانين الإلهية وتقوم على مصالح الناس بلا أي تعارض مع القوانين الإلهية.

(**) هناك مثل واضح يكشف هذه الازدواجية، وهو دولة إسرائيل، حيث تكفل الديانة اليهودية كثيراً من الحقوق، وتضيع حقوقاً كثيرة أخرى بسبب عدم اعتناق اليهودية، وهناك أمثلة أخرى كثيرة، منها ما يظهر مكشوفاً للعيان، ومنها ما يستره الإعلام والتضليل.

ثانياً: لا يتفق الشرع الإسلامي مع ما يذهب إليه الخيال الغربي في عدم وجود أي فروق بين الرجل والمرأة.

يدل هذا الاختلاف على صراع ثقافي، يعتقد الشرق أن المرأة لا تعيش طبيعتها إذا حاولت تقليد الرجل. وفي الغرب، ما زالت النساء يعتقدن أن تحرر المرأة الكامل متوقف على مماثلتها الكاملة للرجل. أقول «مازالت» لأن بعض أكثر النساء تحرراً في أمريكا بدأن في الشك أنهن ضحين بعائلاتهن أو أموماتهن لمستقبل غير ذي جدوى[*].

يبقى للمجتمع في الدولة المسلمة سؤال تكتيكي: أولئك الذين لم ينضموا لمواثيق حقوق الإنسان، هل عليهم أن يصدقوا عليها مع تحفظات؟ أم يتقدموا بوثيقة إسلامية، مع ما قد يؤدي إليه ذلك؟

كيفما كان الأمر، بالله عليكم، انتهوا عن الأسلوب الاعتذاري، كأن الإسلام لديه ما يخفيه في هذا المجال!

موقف المسلمين من الدولة والاقتصاد كئيب حرج بالدرجة نفسها، وغالباً ما يكون غير مفهوم مهما حاولنا فهمه بصدق.

---

[*] والأمر أبسط من ذلك، ماذا في الرجل يجعل المرأة تريد أن تساويه لتتحرر؟ إنما يعكس هذا نظرة دونية عند المرأة الغربية. تبدأ عقدتها من التوراة التي تجعل حواء سبباً لخروج آدم من الجنة.

فعلى الرغم من تأسيس محمد ﷺ دولة في المدينة عام ٦٢٢[1]. إلا أنه يصعب على المسلمين شرح كيف يكون شكل الدولة الإسلامية في نهاية القرن العشرين.

يعتقد البعض، مثل ألبرت حوراني، أن ميلاد الإسلام في فترة مشرقة من التاريخ هو سبب تلك الصعوبة[2].

يعتقد البعض الآخر أن المسلمين في راحة مريضة، أو مرض مريح، بخصوص مفهوم الدولة. مفهوم الأمة الإسلامية سلب صحة الدولة القومية أو أصالتها[3].

ولكن كما وضعها فاتيكيوتيس «تناقض متين»[4] في نظريتهم «يلجأ الناس للسياسة عندما تفشل الميتافيزيقيا»[5].

هل على المسلمين أن يأملوا ـ مثل الشيوعيين الماركسيين ـ في اختفاء الدول القومية لصالح المجتمع الإسلامي؟

---

(١) محمد حميد الله «أول دستور في العالم» الطبعة الثالثة، لاهور ٩٧٥ ـ لي كتاب آخر عن «الإسلام والدولة» ظهر عام ١٩٨٢م، هذا، وقد قرأت كتب «محمد أسد» «الرجل العظيم»، وكل كتبه، ومنها الكتاب المشار إليه في (هامش ٢) ـ كلها تؤكد : سعة اطلاعه، عمق خبرته وتجاربه، وثاقب نظره ونزاهة قصده، جزاه الله كل خير.

(٢) لم يجد محمد أسد تلك الصعوبة في كتابه «مبادئ الدولة والحكومة في الإسلام»، الطبعة الثانية، جبل طارق ١٩٨٠م.

(٣) م غياث الدين «أثر القومية على العالم الإسلامي» لندن، ١٩٨٦م.

(٤) بي . جيى. فاتيكيوتيس «الإسلام والدولة» لندن، نيويورك، سيدني ١٩٨٧م.

(٥) بنيامين بربر «غلبة السياسة» برنستون ١٩٨٨م.

السبب الحقيقي ـ في نظري ـ لهذه الحالة هو المرونة الهائلة ـ من رحمة الله بنا ـ في القرآن والسنة بهذا الخصوص. فهناك ـ ببساطة ـ أوامر قرآنية قليلة جداً تتعلق بالحكومة، كذلك ليس هناك تحديد من السنة. هذه السعة بركة إلهية ـ ولهذا فهي صالحة لكل زمان ومكان ـ فقد أنقذت الأمة من تجمد قانوني واجتماعي.

لم يصف القرآن ولا السنة شكلاً للدولة أو طريقة للانتخاب، فيجوز أي شكل مناسب وناضج: سلطاني أو ملكي، دينية ليبرالية، ديموقراطي[*].

في الحقيقة، لكل عصر تحديد نظام الدولة الذي يختاره[1] لنفسه.

وهنا يجب أن نعترف بأننا إزاء مشكلة مصطلحات مماثلة لما لاقاه علماء المسلمين في مجال حقوق الإنسان، لم يستخدم القرآن ولا السنة ولا الفقه المصطلحات المستخدمة في العلوم السياسية الحديثة، مثل: فصل السلطات، الديموقراطية

---

[*] بالطبع عندما يتكلم عن نظام سلطاني أو ملكي فهو لا يقصد نظاماً استبدادياً، بل يقصد ما يشبه ملكية السويد أو هولندا، وعندما يذكر دينية ليبرالية فهو لا يقصد أن يحكم رجال الدين، ولكن أن لا يخالف نظام الدولة الدين.

[1] يمكن أن يختلف النظام السياسي للدولة باختلاف المكان (بالشروط التي بينها القرآن والسنة).

البرلمانية، الانتخابات العامة، الجمهورية، الزواجر والضوابط، الثورة، نظام الحزب، السيادة....إلخ.

لا يعني هذا أنه لا يوجد ما يقدم بعد ابن تيمية في هذا المجال، ويبين ذلك قليل من الاجتهاد.

كثيراً ما يُغفل أن القرآن لم يقتصر على الأمر بحكومة شورى تأتي عن طريق قبول الناس[1]، ففي سورة آل عمران، الآية ١٥٩ تؤكد **أن حكم الشورى من الفروض الرئيسية في الدين**، وهو مذكور مع أعمدة الإيمان مثل: الصلاة والزكاة والدفاع عن الأمة والانتصار لها والكرم والامتناع عن الفواحش (الآيات ٣٧ ـ ٣٩ سورة الشوري).

أعطى القرآن حكم الشورى مكانة أعلى من الحكومة التنفيذية (الآية ٥٩ سورة النساء). أهم من ذلك، وضح الله سبحانه وتعالى أن الإنسان خليفته في الأرض، كل المسلمين مكلفون بالعمل **كخلفاء لله على الأرض**. عندما تتكلم الآية ٣٠ سورة البقرة عن خلافة الله، لا تخص ذلك بحكومة، بل بكل البشر.

كذلك أكدت الآيات ١٦٥ سورة الأنعام، ٦٢ سورة النمل، ٣٩ سورة فاطر أن كل البشر خلفاء لله على الأرض، والمعنى

---

[1] أبو الأعلى المودوي «حقوق الإنسان في الإسلام» ص١٠ .

نفسـه تجده في الآية ٥٥ سـورة النور. في الدولة الإسلامـية، ﴿كُنتُمْ خَيْرَ أُمَّةٍ أُخْرِجَتْ لِلنَّاسِ تَأْمُرُونَ بِالْمَعْرُوفِ وَتَنْهَوْنَ عَنِ الْمُنكَرِ وَتُؤْمِنُونَ بِاللَّهِ﴾ الآية ١١٠ سورة آل عمـران، تتكلم الآية عن كل مواطني أمة المؤمنين.

نسـتنتج مما سـبق أن الشـورى ليست مـجرد استشارة ولكنها ملزمة(*)(١).

بناء على مـا سـبق، والآية ١٥٥ سـورة الأعـراف، لا شـك أن الديموقراطية في جمهورية برلمانية توافق الإسلام(**). أما إذا كانت الجمهورية هـي أكثر الأشكال مناسـبة لدولة أم لا، فإن هذا يعتمـد على التطور العام. وأي دولة إسـلامـية تؤسس في الغرب، فالشكل المحتمل لها هو الجمهورية الديموقراطية.

(*) ﴿وَأَمْرُهُمْ شُورَىٰ بَيْنَهُمْ﴾ أمرهم .. بينهم، فإذا انفرد أحدهم بالقرار هل يكون أمـرهم بينهم أم أمـرهم بيده؟ ولم يكن هناك أكثـر استشـارة من الرسـول لأصحابه، حتى خـلال الحـرب، ونزل على رأيهم في الحرب وفي غيرها مرات كثيرة.

(١) وفي تفسـير ابن كثـير للآيـة ١٥٩ آل عمـران.. عن علي بن أبي طـالب ـ رضي الله عنه ـ قال: سئل رسول الله ﷺ عن العزم قال: «مشاورة أهل الرأي ثم اتباعهم».

(**) مع تحفظ ألا تخالف الشرع في أي من قوانينها.

حتى إذا أصـر پارفيـز منصـور على أنه في الإسـلام «لا كنيسـة، لا حـزب، لا قـداسـة بابوية»[١]، فيـجب أن تسـمح الديموقراطيـة الإسـلامية بالمعارضة (حزب) لتكون لها آراؤها ومناهجها المختلفـة، طالما ألزمت نفسـها بالنزول على رغبـة الأصـوات. ومن الأقوال الحكيمـة في التراث الفقهي: اختـلاف العلماء رحمة بالأمة[*].

يذكـرنا القـرآن ـ مع ذلك ـ أن أغلبيـة الأصـوات ليسـت دائمـاً ضمـاناً أكيداً لصـحتها؛ ولذلك لا يُذعن إليـها إذا مـا خـالفت العقيـدة . الآية ١١٦ ـ سـورة الأنعـام. كذلك لا تترك دسـاتير العالم الغربي كل الأمور ـ حقوق الإنسـان على سبيـل المثال ـ لقاعدة الأغلبية.

لن تكون الديموقراطية البرلمانية الإسلامية ثيوقراطية، ولن تكون من الناحيـة الأخرى علمـانيـة، ولكن إيديولوجيـة، والقرآن قانونها الأعلى. ليس هذا بالأمر الغريب، فلا أعرف أي دولة تعمل دون إيديولوجية، رسمية أو غير رسمية ـ حتى لو كـانت الإيديولوجيـة الخـادعة في اللا إيديولوجيـة. وعلى أي

---

(١) پارفيز منصور «نشرة كتاب العالم الإسلامي» ١٣ : ١ ليستر ١٩٩٢ .
(*) لما يكون في ذلك من سعة في الاختيار وثراء في الفكر.

حال، فكل الدول غير الإسلامية ـ تقريباً ـ تنظر بفخر وإجلال لرمز أو غيره، لا يقبل المراجعة بشكل أو بآخر.

ختاماً، يستنتج المرء أن اهتمام القرآن وإصراره على إقامة العــدل (٥٨ ـ النســاء، ٨ ـ المائدة، ٢٥ ـ الحــديد) يدل على ضرورة استقلال القضاء عن الحكومة، أو السلطة التنفيذية، في أي شكل للحكومة[١]. فكيف بغير ذلك ـ مع طبيعة البشر ـ يمكن ضمان العدل؟

الخلاصة: يجب ألا يتلجلج المسلمون أمام مسائل مثل الديموقراطية، الجمهورية، فصل السلطات[*]، فعليهم أن يؤكدوا لمن يتحداهم عدم وجود ما يخالف الإسلام أو يعاديه في ذلك.

٩ ـ لا تجدي إسهامات علماء السياسة المسلمين في ظل ندوة إسهامات علماء الاقتصاد[٢][٣].

---

(١) كتاب الأقضية ـ صحيح مسلم.

(*) بعـد المناداة بفصل السلطات، ارتفعت أصوات في الغرب باقتسـام أو اندماج السلطات.

(٢) «نشرة الاقتصاد الإسلامي»، جريدة المجلس الدولي للاقتصاد الإسلامي، مركز الدعوة للرابطة الإسلامية، ليستر، بريطانيا، برهان كاف لذلك.

(٣) كتبت عن الاقتصاد في الإسلام في كتابي سالف الذكر (الإسلام وحقوق الإنسان ـ دراسة مقارنة) وكتبت عنه ـ كذلك ـ وبتعمق في كتابي (الإسلام والإدارة والاقتصاد) (نظام الإدارة في الإسلام) ـ في طبعته (الأولى).

أفـتـرض أن منـاقشـة الديموقراطيـة بطريقـة جـدية يمثل مخاطـرة في كثير من البـلاد الإسـلامية. أما مناقشـة الاقتصاد ـ بطريقة جدية ـ فيُنظر إليه على أنه يوتوبيا[1] يمكن التجاوز عنها.

لماذا يجب أن يكون علمـاء الاقتصاد المسلمون يوتوبيين؟[2] كان خطأ في الفهم ـ للمرة الثانية ـ بسبب سعة الشرع في ذلك؛ بعدم تحديد أية قوالب جامدة ـ مع الاستثناء الواضح لمسألة الربا.

يخـتـلف الاقتصـاد الإسـلامي في أهدافه عن الاقتصاد الغـربي الذي يعـامل الناس كحـيوانات اقتصـادية؛ فـإذا أردنا محـاكاة الاقتصاد الغـربي، فعلينا أن نُسَخِّر كل وأنشطة الحياة لمتطلبات الإنتاج الصناعي.

ففي الغـرب، تحكم قوانين الاقتصاد كل شـيء، ونموت كلنا في سبيل الربح الأعلى، الإنتاج الأمثل، الخفض المطلق لنفقات الإنتاج. يتحـول العـالم الإسـلامي بذلك إلى عـالم مـادي مـثل المجتمع الغربي، ويفقد نوعية الحياة الناتجة من حقيقة أن الله سـبـحانه وتعـالى والإنسـان ـ ليس الاقتصـاد ولا التكنولوجيا ـ

____

(٢،١) اليوتوبي: هو المثالي الذي يعيش في المدينة الفاضلة.

هما محور الأهمية. هذا هو الفرق بعينه بين مجتمع يتجاهل الآخرة ومجتمع اتجاهه سماوي. لذلك كان سيد نواب حيضر نجفي على صواب عندما لخص ذلك في صيغة مصقولة «ينكر الإسلام العقلية الرأسمالية»[1][2].

دعونا نقول لهم بلا حرج: لا يريد المسلمون تبني النموذج الاقتصادي الغربي.

١٠ ـ قد تبدو مناقشة السحر والخرافات وقراءة الطالع ـ بعد مناقشاتنا السابقة في الكتاب ـ أمراً تافهاً، وهو فعلاً كذلك. ولكن سَبَّبَ ذلك جزءاً كبيراً من ازدراء الغرب للإسلام.

إذا رأى أحد ما يحدث حول مقابر «المرابطين» في المغرب، فسوف يستنتج بسهولة أن الإسلام دين غير عقلاني لا يجذب إليه إلا المتخلفين المتخلفين.

وبأي استنتاجات أخرى سيخرج من يتعثر مصادفة في أحد محلات السحر في فاس؟

المرابطون في المغرب وغرب الجزائر ـ كما يعرف الجميع ـ مسؤولون عن خصوبة المرأة والأرض الزراعية أيضاً، وطبعاً يمدون يد المساعدة في أمور الحب الأخرى.

---

(١) سيد نجفي «الغزارة والاقتصاد»، ليستر ١٩٨١ ص١٩ .
(٢) وينكر الشيوعية كذلك.

يتمتع الحج إلى بعض الأولياء ـ مثل عبدالسلام مشيش (١٢٢٨هـ) في جبال ريف قرب طنجة، أو مولاي إدريس قرب مكناس ـ بمزايا الحج إلى مكة نفسها؛ ولذلك فهو عندهم بديل عن الحج لمكة[١].

هذه الضلالات ـ ذات الصبغة المسيحية ـ زحفت على الإسلام خلال بعض التيارات الصوفية، خاصة منذ القرن الثالث عشر. تشجع الطرق الصوفية تسليم المريد الكامل لشيخه، وهذه حقيقة يشمئز منها الغرب.

يعتقد الناس أن الأشراف ـ نسل النبي ﷺ ـ لهم قوة باطنية خاصة، بركة، وهذا جزء من الخلل. ويعتقدون أن إسكات أي تساؤل أو شك في صحة نسب الشريف للنبي ـ حتى لو كان هناك ما يؤيد الشك ـ أو حقيقة قبر مقدس هو نوع من الأدب مع النبي، ولهذا الأدب ثوابه ما دامت النية خالصة[٢].

---

(١) يشير السيد جمال الدين الأفغاني إلى ما بلغه المسلمون في الهند من جهل بدينهم إذ يقولون: الإسلام يبيح لنا أكل لحم البقر، هذا كل همهم وفهمهم ـ انظر لي : جمال الدين الأفغاني.
(٢) فرتيزماير «أولوية العقيدة»، أورينز ١١٩٠م.

ساعدت مثل هذه التقوى والهرطقة على أن أصبحت الموالد في المغرب، وأحياناً في تركيا تذكر بالاحتفالات ليلة الكريسماس.

متى يفهم المسلمون أنه ليس من الإسلام تغيير الطبيعة البشرية لرسولنا المحبوب إلى طبيعة فوق بشرية؟

أليست خيريته سببها أنه بشر مثلنا؟ كم حجم الخسارة والإساءة في تاريخنا التي سببتها مثل تلك الضلالات؟ وكم عدد الناس الذين تم تسخيرهم واسهتلاكهم بفكرة البركة؟

إذا كنت لا تزال في حاجة لأدلة، أقترح عليك أن تزور مقابر إدريس الثاني وأحمد التيجاني في مدينة فاس، وتلحظ نساء البربر الموشومات[١] يلفلفن أنفسهن تحت الأغطية القماشية الخضراء لتلك القبور حتى يتلمسن أكبر قدر ممكن من البركة.

تبين المغالاة في الأولياء عن حاجة شعبية لشيء مقدس يمكن للمرء أن يلمسه، وبكلمات أخرى: تجسيد مقدس. طور المسلمون

---

[١] اقرأ في البخاري أحاديث منع الوشم، ولم يُجَدِ ذلك المنع مع قبائل البربر في المغرب والجزائر، وهذا أيضاً يسبب شعورا بالازدراء.

في البلاد المسيحية سابقاً طرقهم الخاصة لإيجاد مسيحهم الجديد بالمعانقة من دراويشهم وأوليائهم الصالحين والمتصوفين.

هذا مما لا يجوز التسامح فيه، فالبحث عن وساطة يناقض أحد أهم مبادئ العقيدة في الإسلام.

أقترح أن يعود العالم الإسلامي ـ في هذا الخصوص ـ إلى أصوله الصافية في رفض تقديس الأولياء. كذلك كتابة سيرة محكمة للنبيﷺ، لتنقيتها من كل الأساطير والخرافات، لتساعد في مجال الدعوة[١]، اقتراحي هذا مبني على زعمي المُبرَّر أن الإسلام دين حصافة، يخاطب راشدين أحرار الفكر. علينا أن نخجل من تقصيرنا إزاء أعمال قيمة في السيرة قدمها غير مسلمين[٢].

عدم التسامح في مسألة القبور لا يعني أن نهدم قبور شخصيات إسلامية مثل: الشافعي في القاهرة، أو ابن عربي في دمشق، أو أيوب حامل لواء النبي في إستانبول، فللمسلمين تاريخهم الجدير بالافتخار.

---

[١] انظر كتاب «دليل المسلم الحزين» حسين أمين ـ القاهرة، باريس، لتقف على مزيد من التفاصيل.

[٢] فيرجيل جورجيو «حياة محمد» باريس ١٩٧٠م، كارين أرمسترونج «محمد، محاولة غربية لفهم الإسلام» لندن ١٩٩١م.

لن يكمل هذا الفصل دون ذكر قراءة الغيب أو الطالع من فنجان القهوة (خاصة في تركيا)، الأمر الذي يساعد على استهزاء الغرب بالمسلمين(*). حرم القرآن ذلك في آية تحريم الخنزير نفسها وهي الثالثة من سورة المائدة، اختفى الخنزير من العالم الإسلامي وبقيت العرافة!

١٠ ـ لا أريد بالاقتراحات الآتية زيادة الانشقاق في العالم الإسلامي عما هو واقع: سنة، شيعة، خوارج (إباضية).

هذا سيئ بما يكفي، ولكن إذا نظرت للطرق والمذاهب الباطنية لذهلت: من هذه الطرق قادرية، أحمدية، نقشبندية، شاذلية، تيجانية، نورسية...

الدروز، العلويون، القاديانيون وغيرهم؟ هذا بخلاف وجود الإسلاميين، أي حركات التحرير الإسلامية: حماس، الجهاد، التبليغ والدعوة، والإخوان المسلمون.

هذه الفرق حيرتنا نحن المسلمين، وغير المسلمين أولى بهذه الحيرة، عندما يحاولون فك الشفرة لمعرفة الصوت

(*) مثل تلك الأمور محرمة بالقرآن وبالسنة الصحيحة، وبدهي ألا ندافع عنها أو نبررها، ولكنها منتشرة في الغرب خاصة فرنسا، بل واستخدم عدد من رؤساء أمريكا من يقرأ له الطالع!

الأصلي للإسلام. الانقسامات الكثيرة المذكورة سابقاً تمثل عقبة هائلة في الحوار مع الغرب، بحيث يستطيع شركاؤنا في الحوار أن يختاروا أكثر الآراء ملاءمة لهم ويتخذوا موقعهم إزاء كل المسلمين. بناء عليه، أقترح إذا كنا نريد أن يكون لنا اعتبار أن نتكلم بصوت واحد، وذلك على الأقل في المسائل الأخلاقية المهمة مثل: الإجهاض، والنيابة في الحمل والأمومة، زرع الأعضاء، وأمثال ذلك.

ولأكون أكثر تواضعاً في آمالي: ستكون خطوة مفيدة في الاتجاه الصحيح إذا بَيَّن كل من يتكلم أنه يمثل جماعته، ولا يحاول أحد احتكار الإسلام.

لو استمرت الخلافة بعد ١٩٢٤م لتيسر ذلك الأمر.

حتى قبل ذلك، فشلت مبادرة عبدالرحمن الكواكبي (١٩٠٢م) في تنصيب (*) خليفة قرشي في مكة كرئيس شرفي لاتحاد فيدرالي بين الدول الإسلامية.[1] زعم علي عبدالرازق

(*) نعم «سنظل قلقين»، وسنجد حلاً. وإذا صدق العزم وضح السبيل، ولماذا لا نستفيد من تجربة أوروبا، تحت مظلة «السوق الأوروبية المشتركة» ولنبدأ بعشرين أو ثلاثين دولة مثلا والانضمام إليها اختياري ـ مرة أخرى يجب أن نظل قلقين. فلنبدأ في شكل «منظمة» ثم اتحاد كوفيديرالي ثم فيديرالي بمؤسساته الدستورية.

(١) عبدالرحمن الكواكبي «أم القرى» ١٨٩٩م.

(١٩٦٦م) أبو العلمانيين المسلمين أن فكرة خليفة المسلمين ليست فكرة إسلامية[1].

حدثت محاول واحدة لذلك بعد ٥٠ سنة، عندما حاول بعض رؤساء الدول في مؤتمر القمة الثاني لمنظمة الدول الإسلامية تنصيب الملك فيصل خليفة للمسلمين، ولكن دون نجاح.

وفي الحقيقة، تنصيب خليفة للمسلمين عملية مشكوك في فائدتها الآن، ما دام المسلمون منقسمين لأكثر من ٤٠ دولة. ففي حالة مثل هذه قد لا يمكن ممارسة أي نفوذ سياسي، ويتقلص دوره ليصبح نوعاً من البابا للمسلمين[2].

حتى لو كان أكثر فعالية، فمنظمة الدول الإسلامية المؤسسة في الرباط ١٩٦٩م، لا يجب، وبل لا تستطيع أداء دور الخلافة حتى كلجنة.

يجب أن نعترف أنه لا أحد الآن جدير بملء هذا الفراغ، ولكن يجب علينا أيضاً أن نظل قلقين على هذا الفراغ[3]،

---

(١) علي عبدالرازق «الإسلام وأصول الحكم» القاهرة ١٩٢٥م، ما ذهب إليه محجوج بالإجماع (الإسلام والدولة).

(٢) عزيزة الحبري «الدستور الإسلامي ومفهوم الديموقراطية» ١٩٩٢م، ص١٦ ملاحظة ٦٦ . وأشارك عزيزة رأيها.

(٣) ناقشت ذلك في كتابي «الإسلام والدولة» وبينت المقصود بالحديث الشريف في هذا الشأن ـ وانتهيت إلى أن ذلك ليس بشرط. انظر لي: أفكار حول مشروع دستور إسلامي.

آملين أن تظهر له شخصية كاريزمية قريباً، ابن تيمية أو نظام الملك للقرن ٢١ .

١١ ـ في طلب الوحدة، لا أريد إعطاء الانطباع بأنه يجب تطابق كل المسلمين، الأمر الذي لم يحدث، ولا يمكن حدوثه. لا أحد يناقش الآن في أن المسلمين ليسوا فقط العرب، بل أيضاً الفرس، البربر، الأفغان، الترك، وفي أقصى الشرق جنس الملايو: إندونيسيا، ماليزيا، جنوب تايلاند، جنوب الفلبين(*)، وفي أقصى الشمال الغربي: قوط الأندلس وأحفادهم من الأسبان.

دخلت كل هذه الأعراق الإسلام، ولكل منها ميزاته وحضارتة الخاصة، التي نماها الإسلام بما فيه من سعة وعالمية، ولم يبدأ التقويم الإسلامي عام الهجرة بساعة صفر ثقافية.

كنتيجة لذلك، يسهل عليك بمجرد الرؤية تمييز بلد المسلم، أحصيت خلال مؤتمر إسلامي بالقاهرة ٤٢ لباس رأس مختلف للرجال.

نستخلص من هذه الملاحظة عبرة: عندما يدخل اليوم الإسلام آلاف الأوروبيين والأمريكيين، بيض وملونين، يغير

____

(*) أكثر من ٢٠٠ مليون مسلم من جنس المالاوي.

الإسلام نظرتهم للعالم وسلوكهم، ولكنهم يبقون: فرنسيين، إنجليز، سويسريين، أسبان، كنديين، ألمان في صور كثيرة. مثلاً سيتكلم كل منهم لغته الأصلية، ينظر للعالم بطريقة مختلفة. كل منهم اجتاز نظاماً تعليمياً مختلفاً.

باختصار يبزغ إسلام ذو صبغة أمريكية وأوروبية بجانب صبغة مغربية أو مصرية. وليس إسلاماً ألمانياً ـ حاشا لله ـ ولكنه إسلام في ألمانيا، وليس إسلاماً أمريكياً ولكنه إسلام في أمريكا.

سيساعدنا هذا التطور لتمحيص الإسلام الذي اعتدناه، ما هو من جوهره وما هو من الحضارة العربية أو غيرها.

ينطبع لدى بعض الحجاج من غير العرب عندما يلاقون بعض العرب الفخورين، أنهم يعتبرون أنفسهم أفضل منهم وهم في ذلك يشبهون قبائل اليهود عندما اعتبروا أنفهسم الشعب المختار.

إذا كان ذلك كذلك، فإنه ـ وإن كان قابلاً للفهم والعفو ـ إلا أنه خطأ.

لا يشجع الإسلام القبلية (أو الأممية) فوق التضامن أو الوحدة الإسلامية. (الآية ١٥ سورة القصص، الآية ١٣

سورة الحجرات)، لأن القومية قد تضلل الناس عندما تدعوهم لمساعدة أنفسهم حتى في حالة ظلمهم. ولم تكن الآية التالية إلا لتكون أكثر وضوحاً ودلالة: ﴿ يَا أَيُّهَا النَّاسُ إِنَّا خَلَقْنَاكُم مِّن ذَكَرٍ وَأُنثَىٰ وَجَعَلْنَاكُمْ شُعُوبًا وَقَبَائِلَ لِتَعَارَفُوا إِنَّ أَكْرَمَكُمْ عِندَ اللَّهِ أَتْقَاكُمْ إِنَّ اللَّهَ عَلِيمٌ خَبِيرٌ ﴾.

لذلك لا يجوز لأي مسلم إسقاط حقوق أي مسلم آخر بسبب اختلاف عرقيهما[*] أمر القرآن المسلمين بطاعة الله وطاعة الرسول (الآيات: ٣٢ سورة آل عمران، ٤٦ الأنفال، ٥٢ النور، ٣٣ محمد)، أول المسلمين (١٤، ١٦٣ الأنعام)، الأسوة الحسنة (٢١ الأحزاب).

قد يظن البعض أن تقليد محمد ﷺ هو أن يلبس الأوروبيون المسلمون مثل ما كان يلبس، ويأكلوا وينظفوا أسنانهم مثل ما كان يفعل. بفعلهم ذلك يقلدون ليس محمداً فقط ولكن يقلدون حضارة قريش في الحجاز في القرن السابع الميلادي[**].

____

[*] أو جنسيتهما إذا كانا من العرق نفسه.
[**] بل يمكن النظر لذلك بطريقة أخرى، فيكون تقليد النبي ﷺ بتقليد اندماجه وعدم خروجه أو مخالفته الحضارة التي نشأ فيها، إلا فيما خالفها فيه الشرع.

تأثيـر هذا المنهج واضح: يُصور الإسـلام كمـا لو كـان دينـاً للعرب وبالعرب، ويتجه هؤلاء الأوروبيون الشباب لأن يصبحوا جزءاً مـن فرع ثقافي تابع ذي ألوان فولوكلورية. أقل ما يقال عن هذا أنه ضار بالدعوة.

١٢ ـ ركزت في هذا الفصل على مسـائل حاسمة لإدراك الغرب للإسلام، أي مسائل في الاتصال.

آمل ألَّا أهين أحداً عندما أقول: **يبدو أن العالم الإسلامي غير قادر فعلياً على أن يصور نفسه بطريقة جذابة.**

يحصل أعداء العرب على أفضل بروباجندا ـ مجانـاً ـ ضد العرب عندما يظهر عرفات على شاشات التليفزيون غير حليق الذقن وعلى جنبه مسدس. لم يستطيع شيوخ العرب محو الصورة الهازئة بالعربي كفاسق خطف شقراء لخيمته، وبجواره بئر بترول.

هذه الصـورة وغيـرها للعرب الغدارين مهاويس الجنس، اللاهثين وراء الشهوات والشر.... يمكن أن تراها بصفة مستمرة في أفلام ومسلسـلات الغرب. وبالطبع ينفعل الغرب بهذا التحامل المرئي، ويمارس هذا الانفعال مع كل العالم الإسلامي.

لذلك فغني عن البيان أن العالم الإسلامي بأسره يُقاسي عجزاً في علاقاته العامة. ما تفعله MBC في لندن بالعربية، يجب أن يمتد للتليفزيونات الغربية.

لا أنكر أن هناك كمية وفيرة من المنشورات الإسلامية تشحن للغرب من البلاد الإسلامية، ولكن يا حسرتاه.. فمعظم هذه المنشورات غير فاعلة، ليس فقط لرداءة الإنتاج، وسوء الترجمة وكثرة الأخطاء المطبعية بطريقة لا تصدق، ولكن أسوأ من ذلك: أنها ـ في العادة ـ تخاطب أولئك الذين تحولوا للإسلام، ليس من نريد لهم التحول للإسلام.

كيف يمكنني إقناع أحد بـ «كلام الله» من القرآن إذا لم يكن مقتنعاً بعد بوجود ذلك الله الذي قد يتكلم؟

لا تجدي ـ في العادة ـ كل الطرق التقليدية للبرهان على وجود خالق للكون مع غربي ملحد، فقد تعلم في المدرسة من إيمانويل كانت أنه لا توجد البراهين المنطقية على وجود الله. وهذا الدرس لا ينساه.

من النادر على المؤلف الشرقي أن يقابل من يجهر بإلحاده، وهذا جعله يغفل عن أنه في الغرب ـ على العكس من ذلك ـ ليس معتاداً أن تجد من يعترف بأنه مؤمن.

لذلك يجب علينا أن نستخدم اللغة والنقاش الذي يناسب العقل الغربي، وأفضل من يقوم بذلك المسلمون الذي نشؤوا في الغرب(*).

يجب أن تكون حججهم معارفيه، جمالية، أخلاقية وتاريخية ـ مصحوبة طبعاً بجعلهم من أنفسهم نماذج[١] لحياة المسلم ـ وذلك فوق كل العواطف.

<hr>

(*) على أمثال هؤلاء المسلمين أمل كبير وعبء أكبر، أن تقوم أجيالهم المتعاقبة بدورها الفاعل، المؤهلة له، والواجب عليها. وأضيف: إننا نأمل في هؤلاء المبرزين، ذوي المكانة الرفيعة من «تحولوا إلى الإسلام» من أمثال د. مراد هوفمان وغيره، وهم ليسوا قليلين، أن يكونوا «رابطة» تكون على اتصال بأجهزة الدعوة في مصر مثل (الأزهر الشريف، والمجلس الأعلى للشؤون الإسلامية) إن هذا سيعطي الدعوة إلى الإسلام بيد غير المسلمين قوة فاعلة كبيرة.

(١) إن على الداعية أن يبدأ بنفسه. وتأثير القدوة أكبر من تأثير الكلمة.

سابعاً: المهمة التي أمامنا ويالها من مهمة!

١ ـ يجب القيام بكل التغييرات المذكورة في الفصول السابقة، حتى نجدد الإسلام، وحتى نحسن صورته في مجال الدعوة.

لست أول من يقترح ذلك، ولكني مدين بشدة لمحمد أسد[1] وللإصلاحيين البنائين أمثال جمال البنا[2] (مولود ١٩٢٠م)، حميد سليمان[3]، حسين أمين زميلي السابق كسفير في الجزائر، صاحب كتاب «دليل المسلم الحزين»[4] الذي يجب أن يقرأه كل من يعمل في الدعوة.

ولست مؤهلاً بما يكفي لأن أقوم بما يزيد عن وضع الأساس للمهمة التي أمامنا. يستلزم تحقيقها عملاً تعاونياً بين علماء المسلمين المخلصين في مختلف فروع العلوم، دون أي قيود سياسية أو مالية.

ويا لها من مهمة هائلة، لأنها تفترض ـ كما بينا في الفصول السابقة ـ تغييرات رئيسية في المواقف والمداخل، تُبنى

---

(١) محمد أسد «قانوننا» ومقالات أخرى ـ جبل طارق ١٩٨٧م.

(٢) جمال البنا «البرنامج الإسلامي»، القاهرة ١٩٩٠م.

(٣) حميد سليمان «ألغام في طريق الصحوة الإسلامية»، القاهرة ١٩٩٠م.

(٤) ظهرت طبعته الفرنسية في باريس ١٩٩٢م.

على أساس عَقَّدي. لسنا نريد إجراء عملية جراحية تجميلية لإزالة التجعيدات من وجه الإسلام ولجعله أكثر جاذبية، بل نريده أكثر حيوية وديناميكية ومناسبة، بإزالة الصدأ الذي علاه من خارجه، وبهذا يستعيد جاذبيته الأصلية.

يفترض ذلك مسبقاً أن نتوقف عن خلط:

* الدين والحضارة الإسلامية.

* المقاصد الرئيسية والمقاصد الثانوية.

* السنة والعادات.

* الأحاديث الصحيحة وغير الصحيحة.

* الشريعة والفقه.

* القرآن والسنة(*).

٢ ـ ومن الأمور الفاصلة في هذا السياق تمييز ما هو من السنة وما ليس منها، ما هو أساسي وما هو ثانوي.

قد يكون من الأمثلة الصارخة للحضارة التي تظهر في شكل الدين تغطية النساء لوجوههن. يمكنك أن ترى في بعض البلاد العربية تغطية كاملة للوجه ـ بما في ذلك العينين ـ مما يجعل المرأة عرضة لحوادث السيارات. وفي جنوب الجزائر،

(*) ما فعله النبي ﷺ تبليغاً للدعوة (بوحي) وما فعله في سبيل الدعوة (دون وحي)، وما فعله كرجل يعيش في الحجاز في القرن السابع الميلادي.

تغطي المرأة وجهها كله عدا عين واحدة، وإلا أصبح لباسها غير لائق. وبرغم هذه التغطية المومياوية، فإنهن يتحولن للحائط إذا مـر بهن رجل[١]. ولا تزال تجـد في اليـمن نسـاء يغطين أنوفهن وأفواههن بقناع جلدي.

في مناقشـة أزهرية لذلك في القاهرة ١٩٨٩م، أفاد محـدثي أن تلك الممارسات «ليست إسلامية، ولكنها ليست كلها غير إسلامية»، الأمر الذي فهمت منه أن بعض العادات تكتسب بالممارسة لفترات طويلة نوعاً من الشرعية. وردي على مثل ذلك التأويل **أن العادات لا يمكن أن تبطل حرية خولها القرآن للمرأة**[*].

وبذلك فهناك قضيـة فصل الدين عن الحضـارة، فـإذا نزعنا عن الدين كل مـا تراكم عليـه من خارجـه، رجع لأصله

---

(١) عائشة دادي عبدون «علم الاجتماع وتاريخ الجزائريين الإباضية» غرداية ١٩٧٧م.

(*) قد يكون كل ما عناه أن الحجاب الذي يغطي شعر المرأة ورقبتها وصدرها إسلامي. وطبعاً لا يزعم أحد أن للعادات أو الأعراف صلاحية إبطال ما جاء في القرآن أو السنة، ولكن من الناحية الأخرى اعتبر الفقهاء بالعادات أو الأعراف فيما لا يخالف القرآن والسنة.

ـ لا قيمة للعرف إذا تعارض مع نص.

ـ وفي الكتاب الكريم ﴿وليضربن بخمرهن على جيوبهن﴾ وفيه : ﴿قل للمؤمنين يغضوا من أبصارهم ويحفظوا فروجهم ذلك أزكى لهم إن الله خبير بما يصنعون ۝﴾ وقل ﴿للمؤمنات يغضضن من أبصارهن ويحفظن فروجهن..﴾ وفيه ﴿ولا يضربن بأرجلهن ليعلم ما يخفين من زينتهن﴾ وفيه ﴿يدنين عليهن من جلابيبهن﴾.

كجوهرة مصقولة براقة، يناسب العالم كله في زماننا الحاضر: كديانة توحيدية نقية، تؤمن بالله وتسلم له تسليماً كاملاً.

٣ ـ اعتاد القسم الألماني للرابطة الإسلامية نشر ترجمات للأسئلة والأجوبة من الدوريات السعودية (أخبار العرب)، (المسلمون). إلا أن ما يذهل لم تكن تلك الأجوبة وإنما كانت الأسئلة في حد ذاتها وفيما يلي منتخبات مما يقلق البعض في الدول الإسلامية:

* هل عليَّ وضوء إذا لامست غير مسلم؟

* هل الموسيقى شرعية للمسلم؟

* في أي المواقع أو الأحوال يحرم قول السلام عليكم؟

* هل تلوين الشعر ينقض الوضوء؟ ولا ينقضه التدخين؟

* هل يقبل المسلم غطاء ذهبياً لحماية ضرسه؟

* هل يجوز للمسلم شرب بيرة غير كحولية؟

* هل على المسلمة تجنب مستحضرات التجميل التي يدخل فيها كحول أو شحم الخنزير؟

* هل من الإسلام أن تكون أعسر؟

* هل يجوز إعطاء نسخة من القرآن لغير المسلم؟

* هل يجوز للمسلم الاحتفال بعيد ميلاده؟

في الواقع لم أجد وسيلة أفضل لبيان مسألة فصل المقاصد الرئيسية عن المقاصد الثانوية من تلك الأسئلة.

ويا حسرتاه، كما نجد اتجاهًا عند بعض من دَخَلَ الإسلام حديثاً، إعطاء الأولوية لتنظيف الأسنان بالسواك، وارتداء الحذاء في القدم اليمني أولاً، وحلق الشارب. إلا أننا نفضل كلنا أن نتعرف على المسلم في كرمه، وخيريته، وصبره وجلده، وعاطفته، وتسامحه، وعلمه، وإخلاصه ونجاحه في عمله، وصدقه، وأمانته، وعدله، وخشوعه في الصلاة. أليس ذلك من الأجدى؟!

٤ ـ كما ذكرت من قبل، ما زالت روح التقليد طاغية علينا، على الرغم أن باب الاجتهاد مفتوح ـ نظرياً ـ على مصراعيه.

في هذا السياق، علينا أن نطمئن على مباركة أصحاب المذاهب الأربعة، فقد وعوا حقيقة أن الأحكام يبدأ سريانها بعد إعلانها.

لا يستطيع جيل من الفقهاء أن يكشف مشكلات المستقبل، وما يناسبها في القرآن؛ لذلك يُعد استنباط أحكام جديدة من القرآن مبدأ أساسياً في الفقه الإسلامي.

يجد كل جيل نفسه ـ بصورة ما ـ في موقف جيل المسلمين الأوائل (بعد وفاة النبي ﷺ وخلفائه الراشدين)، قبل ظهور المدارس الفقهية وجمع الحديث. تَصَرَّفَ أولئك المسلمون

الأوائل وفقاً لأفضل معارفهم، ويجب علينا أن نفعل الشيء نفسه، ولا نخاف من شجاعتنا. (هذا ما يدعو إليه بإلحاح شديد جمال الدين الأفغاني).

٥ ـ ينال المسلمون الأوائل إعجابنا وتقديرنا الكامل لإنجازاتهم في جمع وتمحيص وتصنيف السنة، ما قاله النبي محمد ﷺ، وما فعله، وما أقره أو تجاوز عنه. ولا ينكر مسلم أن النبي ﷺ لم يبلِّغ الرسالة فقط؛ بل شرحها بأقواله وأفعاله. ومن المعلوم عـدم التطابق الكامل بين الأحاديث عند السنة والشيعة والإباضية. ومعلوم أيضاً كيف قاسى علماء أتقياء كالبخاري ومسلم ليُنَقُّوا الحديث النبوي مما ليس منه، ولكن من يضمن نجاحهما الكامل؟ لهذه الشكوك ما يبررها، فكتب الحديث الستة الصحيحة(*) تم جمعها بالأسلوب نفسه، وبخاصة في التبجيل المطلق لصحابة النبي، ولم يتم نقد الإسناد والمتن كمـا لو استخـدمت التحليلات اللغوية والاجتماعية التاريخية الحديثة.

___

(*) البخاري ومسلم وأبو داود والترمذي والنسائي وابن ماجة، هذا ما تعارف عليه كثير من أهل الحديث، بينما يرى آخرون تقديم موطأ مالك عليهم، وإخراج ابن ماجة.

ومع معرفة أن هناك ١٠٠٠٠ حديث موضوع دارت على بعض الألسن خلال ٢٠٠ سنة من وفاة النبي ﷺ، فيجب علينا أن نعترف أن السنة لم تُحفظ بالدرجة التي نأملها. دعنا نكون واقعيين بقسوة: شخص ما، ذكي ومتحجر القلب بما يكفي لوضع متن حديث ـ لأسباب سياسية أو لأغراض التقوى الجاهلة ـ ألا يمكنه أن يكون ذكياً ومتحجر القلب بما يكفي لوضع الإسناد؟(*)

ألا نحس جميعاً ببعض الشك جهة الأحاديث السياسية، خاصة تلك التي ترفع علياً أو معاوية أو الرجال على النساء؟(**) ألا نحس بالاطمئنان لواقعية أحاديث عائشة ونبتسم لبعض أحاديث أبي هريرة(***).

العلماء المؤهلون ـ ليسوا من عينة فاطمة المرنيسي(١) ـ بمشرط الجراح وليس بالفأس، عليهم إعادة توثيق الحديث

(*) مثل هذا الشخص، لم يقبل علماء الحديث كتاباً منه مثل ما قبلوا من أصحاب الكتب الصحيحة، وبديهي أنه لن يقبله أصحاب الكتب كشيخ لهم يروون عنه ولا كشيخ لشيوخهم.

(**) دقق علماء الحديث كثيراً في مثل تلك الأحاديث؛ ولذلك فهي قليلة جداً في الكتب الستة، ولا يفوتنا في أمر عليّ أن ننبه أنه جرى اضطهاده ونسله منذ أيام معاوية ـ بل وسبه على المنابر ـ إلى ما بعد فترة الكتب الستة.

(***) لذلك اهتم فقهاء الحنفية بفقه الراوي، ولهم مدرستهم في علم الحديث.

(١) المغربية الاجتماعية، ليست مؤهلة في التاريخ ولا الفلسفة ولا الفكر الإسلامي، ومع هذا تخوض في تلك المجالات. انظر على سبيل المثال: «سياسة الحريم»، «الرسول ونساؤه» باريس ١٩٨٧م.

الصحيح، وإذا لم ننجح في هذا، سوف يُغرى أكثر وأكثر من المسلمين الأمريكيين والأوروبيين على الاعتماد كلية على القرآن وإغفال السنة، مثل روجيه جارودي[1].

٦ ـ وعلى القدر نفسه من الأهمية، استعادة المفهوم الأصلي للشريعة، ما جاء به القرآن والسنة. أما الفقه، فيشار به إلى النظام الكلي للقانون الإسلامي الذي بُني (من فهم واجتهادات الفقهاء) على أساس القرآن والسنة.

ليست هذه مهمة سلبية أو عديمة الجدوى، ولكنها محاولة لإزالة القداسة من كم قانوني هائل من صنع الفقهاء تراكم منذ العصور الوسطى، وهذه خطوة أولى للاجتهاد الحقيقي. آراء الفقهاء اجتهاد، وهذا لا يغلق الباب أمام اجتهاد آخر للمؤهلين.

هذا تكرار لمناشدة قام بها محمد أسد منذ أكثر من ثلاثين سنة، أي التمييز بين الأحكام الإلهية الخالدة، التي لا

---

(١) مثل لهذا الاتجاه، كتاب جارودي «نحو إسلام القرن العشرين»، باريس ١٩٨٥م، «الإسلام الحي» الجزائر ١٩٨٦م.
ـ السنة هي المصدر الثاني للشريعة الإسلامية (انظر ص٤) فاتجاه جارودي أو غيره مرفوض. ومن المعروف أن السلف الصالح بذل جهوداً نوه بها الجميع في تحقيق وتمحيص الحديث (دراية ورواية) وهذا لا يمنع المزيد من التحقيق والتمحيص على أن يقوم به جمع من العلماء المؤهلين لذلك كفاءة وأمانة.

تتغير ولا تتوقف على زمان، والمحدودة في العدد، الموجود في القرآن الذي لا يأتيه الباطل من بين يديه ولا من خلفه، ومن الناحية الأخرى الأحكام البشرية المبنية على أساس نصوص أقل مرتبة من ناحية الثقة في صحتها، تلك الأحكام التي تزخر بها كتب الفقهاء[1] [*] .

٧ ـ من ذلك، نأتي إلى النقطة الأخيرة المهمة: العلاقة بين القرآن والسنة .

يجب أن يظن المرء أنه لا توجد مشكلة، فلا خلاف أن القرآن هو كلام الله، بعد نزول الوحي به، تمت كتابته وحفظه فور نزوله .

بينما السنة ـ بما في ذلك الحديث القدسي ـ هي صياغة النبي ﷺ. وتمت كتابتها بعد قرنين[**] .

----

(١) محمد أسد «الدولة والحكومة في الإسلام» الطبعة الأولى ١٩٦١م الطبعة الثانية جبل طارق ١٩٨٠م ص١١ ـ ١٧ .

(*) يقولون في هذا المعنى (للتمييز) إن القرآن الكريم قطعي الثبوت بعكس السنة، ومن هنا كانت إعادة تمحيصها واردة.

(**) يقصد المؤلف أن كتب الحديث الستة الصحيحة تمت كتابتها منذ بداية القرن الثالث الهجري. ولكن كان هناك تدوين للسنة قبل ذلك، بدأه زمن النبي ﷺ عبدالله بن عمرو بن العاص وسماه الصحيفة الصادقة، كذلك أمر عمر بن عبدالعزيز قبيل انتهاء القرن الهجري الأول بتدوين السنة، وهناك موطأ مالك في منتصف القرن الهجري الثاني، وفيه أحاديث =

بناء على ذلك، فإنه مناف للعقل أن يقدم أحد السنة على أي من آيات القرآن، ولكن هذا مقبول عند بعض العلماء.

لعل أكثر ما يُمثل ذلك رأي بعض الفقهاء في أن الرجم حتى الموت عقوبة الزنا (كما في الكتاب المقدس) بينما يحددها القرآن بالجلد فقط (الآية الثانية سورة النور)[١]. كيف يجرؤ فقيه، مهما كانت الأحاديث[٢] التي يستند عليها، أن يستبدل الرجم بالجلد بعد كلمة الله الواضحة؟[*].

= كثيرة رواها عن نافع عن ابن عمر عن النبي ﷺ وسميت لذلك سلسلة الذهب، أضف لكل ذلك أن الحفظ في الصدور كان وسيلة لا تقل أهمية عن الكتابة ذلك الوقت، حتى إن بعض علماء الحديث كان يعيب على المحدث أن يقرأ من كتاب.

ومع كل هذا، فإننا نضم صوتنا لصوت المؤلف في مناشدة العلماء المؤهلين المتخصصين مراجعة الأحاديث، طبقاً لتراكمات العلوم الشرعية خلال ١٤ قرناً، وهم في هذا إنما يحذون حذو الأفذاذ مثل مالك والبخاري ومسلم.

(١) انظر في تفصيل كامل (القرآن) أبو بكرحمزة باريس ١٩٨٥م، الجزء الثاني، التعقيب على (٢٤ : ٢)، وحسين أمين في «دليل المسلم الحزين» ص٥٠ .

(٢) راجع صحيح البخاري كتاب الطلاق وكتاب الحدود .

(*) لا يقدم أحد من العلماء السنة على القرآن، ولكهم يقولون: إنها جاءت مفصلة مبينة للقرآن، وقد تخصص العام فيه، أو تقيد المطلق. وأمثلة لذلك: كلمة الصلاة تعني لغوياً الدعاء، وبينت السنة ما الذي يقصده الشارع بكلمة الصلاة. كذلك الزكاة تعني في اللغة النماء. فبينت السنة قصد الشارع منها بإنفاق الأموال وبطريقة مفصلة في ـ الآية ٦٠ من سورة التوبة ـ ولم يذكر القرآن مراسم الحج وبينته السنة.

وفيما يخص القراءة في الصلاة لم يزد القرآن عن قوله تعالى ﴿فَاقْرَءُوا مَا تَيَسَّرَ مِنَ الْقُرْآنِ﴾ ﴿فَاقْرَءُوا مَا تَيَسَّرَ مِنْهُ﴾ الآية الأخيرة ـ سورة المزمل. =

لم يكن هذا ليحدث أبداً إذا حافظ (علم الفقه أو التفسير أو الحديث) على الفرق الواضح بين المصدر الأساسي للإسلام، القرآن الكريم، والمصدر الثانوي ـ الذي لا غنى عنه ـ السنة.

٨ ـ سيُقابل بعضُ ـ إن لم يكن كل ـ ما اقترحته في هذا الفصل بمعارضة ومقاومة فقهاء يخافون ـ عن حق ـ من البدع، ولكن كما يعرفون، هناك أيضاً سنة الحسنة!

= ثم بينت السنة وجود قراءة الفاتحة في الصلاة «لا صلاة إلا بفاتحة الكتاب»، «من لم يقرأ بأم الكتاب فصلاته خداج». لم تجد المذاهب السنية الثلاثة مشكلة في مثل هذا، فقد اعتبرت أن الحديث هنا هو تفصيلي أو بيان للقرآن، أما الحنفية، فمذهبهم أن مثل ذلك البيان ـ أو الإضافة اللاحقة، يُعد نسخًا، ونسخ القرآن الذي هو قطعي الثبوت، لا يجوز إلا بما هو قطعي الثبوت من السنة، أي الحديث المتواتر، (وقد يُضاف إليه الحديث المشهور)، وأولو الحديث على أنه نفي كمال وليس نفي صحة الصلاة ورأوا أن قراءة الفاتحة واجب وليس فرضاً.

ووجهة نظر المؤلف هنا تشبه لحد ما المذهب الحنفي، فهو يرى أن القرآن بين الحكم بما يكفي، فإذا تناولت السنة نفس الأمر فهو نسخ.

أما عند كثير من الفقهاء والمفسرين، فالآية لغير المحصن والسنة بينت أن الرجم حد المحصن، بينما قال فقهاء ومفسرون آخرون: إن الآية عامة غير مخصصة، وأن هذا هو حد الزاني سواء كان غير محصن أو محصن، وأيدوا رأيهم بما جاء في سورة النساء، الآية ٢٥: ﴿فَإِذَا أُحْصِنَّ فَإِنْ أَتَيْنَ بِفَاحِشَةٍ فَعَلَيْهِنَّ نِصْفُ مَا عَلَى الْمُحْصَنَاتِ﴾ فالرجم لا يُنصف، وإنما هو الجلد، وقالوا عما جاء في رجم النبي ﷺ لمن زنى أنه كان اتباعاً لشرع ما قبلنا بالرجم، إلى أن نزلت سورة النور فنسخته بالجلد، بينما قال الآخرون: إن أول سورة النور نسخت ما جاء في سورة النساء، وأن آية الرجم نُسخت ولكن بقي حكمها، وأمام هذا تقوم حجج كثيرة، والله أعلم.

مـثل هؤلاء الفقهـاء، سـاعدوا بكل حسـن نيـة، على وصـول العالـم الإسلامي لحـالـة التجمـد العقلي الراهنة، عندمـا دافعـوا عن الإسلام ضد السحق الاستعماري.

بكـل تأكـيـد، لن يدافـع أحـد اليـوم عن فكرة قـفـل باب الاجـتـهـاد، ولكن قليل من العلمهـاء المعاصرين ـ عدا علمـاء الشيعـة والتصوف ـ يجرؤ على المرور منه... والرقابة، رسـميـة أو مفروضة ذاتياً، تقوم بالعمل الباقي.

انظر إلى التـوثيق الوفيـر للتطور الفكرى للإسلام خـلال ١٤٠٠ سنة(١)، لا أسـتطيع أن أصـدق أن الفـصـول الأخيـرة ستبقى الخاتمة مدة طويلة.

ولكـن مـع الحـالـة التي وصـفناها سـابقـاً، قـد نجـد خصوبة وحيوية الحياة الثقـافيـة اللازمـة لتجديد الإسلام قد انتقلت لأماكن مثل لوس أنجليس، واشنطون، ليستر، أكسفورد، أو كولن وباريس، بدلاً من المراكز التقليدية القديمة.

---

(١) م . م شريف «تاريخ الفلسفة الإسلامية» الجزء الثاني، ڤيسبادن ١٩٦٣م ـ ١٩٦٦م ـ مجيد فخري «تاريخ الفلسفة الإسلامية» الطبعة الثانية لندن نيويورك ١٩٨٣ ـ هنرى كورين «تاريخ الفلسفة الإسلامية» لندن ١٩٩٣م.

لذلك فإنه ليس مستبعداً أن يقود حركة الإحياء والتجديد في الإسلام مفكرون مؤهلون من خارج دار الإسلام.

هذا لا نمنعه، بل نشجعه بشرط الكفاءة والأمانة[1].

والله أعلم، وبه نثق، وإليه مرجعنا جميعاً.

---

[1] وإلاّ (إذا سقط الشرطان أو أحدهما) تعدد الإسلام بتعدد الأماكن والرجال. وأضيف: كفانا تمزقا!

الفهرس